Caroline Eliacheff

La Famille
dans tous ses états

Albin Michel

Merci à Micheline Amar
pour ses précieux conseils.

franceculture@com

22, rue Huyghens, 75014 Paris
www.albin-michel.fr
ISBN : 2-226-15123-0

Avant-propos

Depuis quelques années, comme nombre de mes collègues « psys », je suis sollicitée, souvent plusieurs fois par semaine, pour émettre un avis ou un conseil dans l'heure, sinon dans la minute, sur des sujets auxquels je n'ai jamais réfléchi. Je refuse toujours. Parce que mon incapacité à parler de ce que je ne connais pas est rédhibitoire – mais pas seulement : les « spécialistes de l'enfance », ou supposés tels, ont pris une place médiatique qui n'échappe à personne. Que nous soyons consentants ou réticents, notre responsabilité est engagée.

À l'époque de Freud, seuls des individus souffrants s'adressaient au psychanalyste, qui répondait en offrant le protocole strict de la cure individuelle. Les analystes débattaient passionnément entre eux des découvertes qu'ils faisaient dans leur cabinet et nul, excepté Freud, ne pouvait prétendre parler au nom de la psychanalyse. Aujourd'hui, toute une société souffrante pose aux psychanalystes, par la voie des médias, toutes sortes de questions. Ce déferlement de la parole psy sur la scène publique rencontre un succès certain auprès d'un vaste public à la recherche de valeurs et surtout de normes.

Mais quand Laure Adler, directrice générale de France Culture, m'a proposé d'assurer une chronique hebdomadaire, j'ai tout de suite accepté. Cette forme me laissait la liberté de parler de ce que je connais, d'avoir un minimum de temps pour réfléchir, voire la possibilité de me contredire. C'était l'occasion de montrer que l'expérience analytique avait des limites et qu'elle ne servait pas à séparer le bon du mauvais ou le juste de l'injuste, mais qu'elle restait irremplaçable pour comprendre, non pas ce que l'homme cache, mais ce qu'il ignore en lui.

La psychanalyse est fort critiquable quand on l'utilise pour généraliser abusivement, prédire ou dicter des normes. Cependant, si on la laisse jouer son rôle, elle reste pertinente. Car elle se situe davantage du côté des questions que de celui des réponses, et cherche toujours à aller au-delà des apparences. Tout l'alimente parce que la vie privée s'inscrit dans la société, l'histoire et la culture qui, en retour, influent sur elle. Elle n'a qu'une limite : le psychanalyste, qui est à lui-même son propre instrument de travail. Mais quand les médias l'interrogent, ce n'est jamais pour lui demander ce qu'il fait dans son cabinet, mais pour réclamer de lui, en tant que supposé savant, d'exprimer ses opinions dans le domaine social.

Peut-on distinguer un analyste qui justifierait ses propres penchants en s'abritant sous le manteau de la psychanalyse tout entière, d'un autre qui parlerait à partir de son expérience analytique – forcément singulière ? C'est quasi impossible, et cela explique, de la part des psys, l'expression des opinions les plus divergentes.

Il serait plus grave, mais nullement exclu, que nos opinions, quand elles sont exprimées publiquement, transparaissent dans nos cabinets et que nous en abusions avec nos patients ou que nos patients tentent d'en abuser : il y a danger pour un psychanalyste – même si l'on n'en meurt pas – à s'exposer et à acquérir une notoriété. Les conséquences ne sont pas sociales mais professionnelles.

J'ai décidé de publier ces chroniques parce que leurs thèmes sont totalement en accord avec ma pratique professionnelle et mes intérêts extraprofessionnels : coups de cœur ou coups de sang. J'en assume comme je peux les conséquences en travaillant quasi exclusivement avec des personnes qui n'écoutent pas France Culture, ne lisent pas de livres, n'ont jamais entendu parler ni de Freud ni de Françoise Dolto. Avec elles, je retrouve l'anonymat si précieux pour pratiquer sans trop d'entraves.

En toute liberté.

Les enfants

Le carnet du *Monde*

Dans les quotidiens, je ne raterai jamais un carnet. Les familles ou les amis y annoncent les événements « importants » : naissances, mariages, décès, anniversaires. J'y cherche le nom de personnes que je connais de près ou de loin. J'apprends ainsi que quelque chose d'heureux ou de malheureux leur est arrivé. Mais je lis aussi en détail les annonces de personnes que je ne connais pas, et ça me fait rêver. Autour d'une annonce pleine de noms propres, je me surprends à imaginer toute une histoire. Je compatis intérieurement lorsqu'un enfant est mort d'une maladie ou d'un accident. À la lecture de la naissance d'une quatrième fille, je me dis bêtement que les parents ont dû être déçus...

Plus sérieusement, le carnet reflète la façon dont les familles d'aujourd'hui, celles qui lisent ces journaux, annoncent ces fameux événements marquants. Autant dire un sujet en or pour une chronique qui s'appelle « La famille dans tous ses états ».

Il est plus facile de parler des naissances que des décès. Qu'est-ce qu'une annonce de naissance ? Il s'agit de déclarer au *Monde* – jeu de mots facile mais fréquemment utilisé – la venue d'un garçon ou d'une fille, nommé le fils ou la fille, issu de la rencontre d'un homme et d'une femme, nommés les parents, eux-mêmes issus de la rencontre d'un homme et d'une femme, nommés les grands-parents maternels et paternels. Il n'est pas rare que ce nouveau venu ait été précédé par d'autres enfants, nommés les frères et sœurs. Commençons par eux. J'ai toujours un petit sourire intérieur quand je lis : Jean ou Élodie a « le plaisir d'annoncer la venue » de Zoé ou de Patrick, à moins que les parents « laissent à Neil la joie » d'annoncer la naissance de sa sœur Rachel. Bien sûr, je serais très surprise si je lisais : Marc, son frère, a le déplaisir de vous annoncer la venue au monde de Julie. Encore que je viens de lire une annonce ouvrant une brèche dans ce code qui consiste à refouler toute ambivalence : « Lauranne et Victoire sont très intriguées par la naissance de leur sœur Pauline ». Voilà des parents pour qui le code social s'arrête quand l'hypocrisie confine au mensonge.

Nombre d'annonces mettent sur le même plan générationnel l'aîné et ses parents, par exemple lorsque Jeanne, Pierre et Marie – sans patronyme – ont la joie d'annoncer la naissance de Philippe. On pressent, peut-être à tort, que la place de cette aînée (Jeanne ou Marie ?) n'est pas très clairement définie par rapport au père et mari.

Quand les grands-parents « s'annoncent », on peut imaginer toutes sortes de complications familiales et de discussions sur le libellé. Il est exceptionnel que les quatre grands-parents soient présents, à moins qu'ils ne se mettent à l'honneur, reléguant les parents plus loin. Exemple : « Marie-Paule et Raymond J., Danielle et

Jean-Pierre L. sont très heureux d'annoncer la naissance de leur petit-fils Fabio, chez Judith et Emmanuel » (sans patronyme).

Quand on lit : « Georgette et Raphaël R., Alain et Michelle R. et leurs enfants ont la joie d'annoncer la naissance de Thibaut, Élie », on met un moment pour comprendre que le premier couple est celui des grands-parents paternels, le second, celui des parents ; quant aux grands-parents maternels, ils sont absents.

Ce n'est pas dans le carnet du *Figaro* – une véritable institution où, des fiançailles aux noces de diamant, la composition des familles ne souffre aucun « raté » – que l'on pourrait lire : « Yasmine et Marie M. ont la grande joie d'annoncer la naissance de Lily ». Lily a-t-elle été enfantée par deux femmes ? Est-elle la sœur de Yasmine et de Marie ? Est-elle adoptée par Marie qui vit avec Yasmine ? On n'en saura évidemment pas plus. Comprenne qui pourra. Plus troublant encore : « Doris de B., Ian et Sue sont heureux d'accueillir leur fils et petit-neveu Matthew ». L'ordre des générations est indiqué mais il est pour le moins inhabituel que le grand-oncle et la grand-tante soient à la place du père qui, lui, ne figure pas. Encore peut-on déceler un ordre générationnel. Ce n'est plus le cas lorsqu'une ribambelle de prénoms, dits les cousins, annoncent la venue d'un nouveau cousin. Ou encore : « Quentin nous a agréablement surpris en nous montrant le bout de son nez le 29 juillet 2002 à 1 h 20 pour la plus grande joie de ses cousins Kevin et Nicolas et de toute la famille ». Faut-il imaginer une grande complexité dans l'ordre vertical des générations, considérer que les enfants poussent comme des champignons ou que Kevin et Nicolas ont joué un rôle dans la conception de Quentin ?

Aujourd'hui, il est possible de sélectionner des embryons dont la venue au monde permettrait de traiter une maladie grave chez un frère ou une sœur. Certains, au mépris du discours des parents, croient nécessaire de s'insurger contre cette pratique dite de l'enfant-médicament. Mais la plupart des enfants ne sont-ils pas prédestinés à quelque chose ? Ce n'est pas toujours dit, mais parfois si : « Notre future pianiste Celia A. est née le 26 juin 2002 », est-il annoncé. Bonne carrière à Celia !

Quand on se prénomme Apollonia, ou Antigone, et qu'on est née le 14 juillet, il est difficile de croire qu'on échappera à une destinée grandiose...

Vous ne croyez pas aux fées, vous avez tort : voici « Zaccharie, né le 1er juillet 2002. Bienvenue avec nous joli cœur dans un monde très chaleureux. Signé : les fées Guena et Mary ».

Les annonces d'anniversaires de décès sont destinées à rappeler que l'on se souvient. L'une d'elles m'a saisie : « Le 26 juillet 2001, mon père Bartolomé M. rejoignait mon frère Jean-Gabriel, décédé le 18 avril 1973, ma sœur Marguerite, décédée le 18 juin 1984, ma maman, Gisèle G., le 8 mai 2001, ma sœur Marie-Jeanne décédée le 22 juin 2001. » Signé : Antoinette M.S.

Sans commentaire, sinon pour dire que j'ai eu une pensée émue pour une personne qui a tenu à faire savoir combien les deuils faisaient partie de sa vie.

Du berceau au divan

– Que faites-vous avec les bébés ? me demande-t-on parfois.

– Je leur parle.

– Et c'est de la psychanalyse ?

Le ton peut être curieux, moqueur ou perfide.

Pour ne choquer personne, je réponds que les bébés qui souffrent peuvent être « écoutés » et (parfois) compris par un psychanalyste.

De quoi souffre un nourrisson ? De quelque chose le concernant personnellement ainsi que ses parents. D'un décalage plus ou moins important entre ses perceptions qui sont « vraies » et ce que l'on veut consciemment ou non lui imposer de « pas vrai », à propos de ses origines ou de diverses ruptures subies sans avoir été parlées.

C'est le cas de certains enfants adoptés à qui l'on dissimule non l'adoption mais ses circonstances. C'est aussi le cas des enfants à qui l'on cache le départ, l'incarcération ou le décès d'un parent ou d'une personne qui a de l'importance pour le père, la mère ou l'enfant. Dans un registre moins grave, les changements inopinés de baby-sitters sans la moindre parole d'explication sont une source importante de symptômes dont l'origine n'est pas repérée par les parents.

Comment s'exprime cette souffrance ? L'enfant qui n'a pas encore acquis le langage vit, comme tous les êtres humains, dans un monde symbolique, un monde où l'on parle. L'activité symbolique de l'enfant s'exprime par ses fonctions corporelles à l'œuvre dès la naissance, sans apprentissage, comme le sommeil, la respiration, la digestion et les perceptions sensorielles. Les symptômes les plus fréquents sont les troubles du sommeil, les troubles digestifs (vomissements, diarrhées, coliques), les troubles pulmonaires (bronchiolites), les angines et otites à répétition, les altérations de la peau. Lorsque, avec l'aide des parents, on propose à l'enfant, en lui parlant, un *sens* aux perturbations corporelles qu'il manifeste (ce qui n'exclut évidemment pas le traitement médical quand il est nécessaire), celles-ci ont tendance à s'estomper. Il n'y a pas d'explication standard à ces troubles intimement liés à l'histoire de chaque famille. C'est comme si le langage – la parole vraie – était une sorte d'« organisateur » capable de mettre en place, de modifier, de déplacer les conditions de fonctionnement du corps biologique et du psychisme. La psychanalyse des adultes laisse penser qu'il est souhaitable d'analyser la souffrance des tout-petits avant que leurs troubles ne soient fixés.

On entend souvent dire à la fois que les enfants « savent tout » et qu'ils « ne comprennent rien ». Ces deux propositions sont exactes : le nourrisson perçoit tout. Mais pour comprendre, il a besoin qu'un adulte nomme ce qu'il a perçu. C'est d'ailleurs la différence essentielle entre un bébé humain et un bébé animal qui, lui, a la possibilité de donner un sens à ses perceptions *sans* le langage.

Les enfants rencontrent à des degrés divers la souffrance, l'incompréhension, l'injustice, parfois la maladie et la mort – et la psychanalyse ne leur évite rien dans la réalité. Avec les tout-petits, le psychanalyste ne se substitue pas aux parents ; il ne console pas, ne change pas la réalité, aussi pénible soit-elle, et ne donne pas de conseils éducatifs. Mais la relation avec le psychanalyste permet de retrouver les émotions ressenties conjointement à l'événement ou aux dires marquants. Ces émotions entraînent des symptômes auxquels l'enfant pourra accepter de renoncer pour en faire des souvenirs d'un passé révolu. On oublie parfois que la psychanalyse sert à oublier...

Pour être psychanalyste avec les tout-petits, il faut considérer chaque enfant comme un être humain à part entière, susceptible d'être autonome dans son désir bien avant d'être autonome dans la réalité. Le manque d'expérience et l'incapacité de parler ne renvoient pas au néant. En portant la parole, au sens propre et au sens figuré, le psychanalyste est un médiateur de la fonction symbolique – sans laquelle la vie ne serait pas humaine.

Dodo

Les enfants dorment-ils plus mal qu'avant ou les parents consultent-ils davantage ? Difficile à dire. Mais quand un jeune enfant se réveille plusieurs fois par nuit pendant des semaines ou des mois, il y a belle lurette que les parents consultent, après avoir, comme ils disent, « tout essayé ».

Il s'agit d'une véritable urgence, surtout du point de vue des parents épuisés – car, comme il dort dans la journée, un enfant manque rarement de sommeil.

Il n'y a pas de cause type à cette situation et c'est pour ça que notre métier est intéressant. La première et parfois l'unique consultation est souvent très longue. Il s'agit d'arriver à comprendre, non pas pourquoi l'enfant embête ses parents en les réveillant, mais pourquoi, ou pour qui, il s'oblige à se réveiller alors qu'il pourrait dormir tranquillement. Quelle question pose-t-il sous cette forme ? Tout dépend de chaque famille et de chaque enfant. Mais les causes les plus fréquentes tournent autour de deux sujets : la baby-sitter ou la nourrice, et la crainte de la mort subite du nourrisson.

Les baby-sitters ou les nourrices passent, les enfants

restent. En principe, les parents confient leur enfant à quelqu'un en qui ils ont confiance. Et puis, pour une raison ou une autre, ils n'ont plus confiance et la baby-sitter (ou la nourrice) change, à moins que ce ne soit elle qui décide de partir. Pour l'enfant, c'est une rupture de lien qui n'est pas forcément grave, sous réserve qu'on lui en explique la cause véritable, quel que soit son âge. Faute de quoi, il s'en sentira responsable ; le trouble du sommeil est alors une question assez angoissante puisqu'elle a trait à l'abandon. Elle appelle une réponse qui doit être formulée clairement, quelle que soit la cause de la rupture.

Autre situation fréquente : des parents supportent remarquablement bien, pendant un an voire deux, les fréquents réveils nocturnes de l'enfant. D'un jour à l'autre, ils ne les supportent plus et viennent consulter. De quoi s'agit-il ? De parents qui, sans toujours le formuler, redoutent plus que tout la mort subite du nourrisson (qui a considérablement régressé depuis qu'on fait dormir les bébés sur le dos). Ces parents ont en tête un âge, assez variable d'ailleurs, au-delà duquel leur crainte tombe. Leur bébé s'est donné la peine pendant un an ou davantage de se réveiller trente-six fois par nuit pour les assurer qu'il est bien vivant et, tout à coup, on le lui reproche ! Parce que les parents ont omis de le prévenir qu'ils étaient enfin rassurés et que tout le monde pouvait dormir tranquille. Il est rare qu'ils aient conscience de cette crainte, et encore plus rare qu'ils aient pu imaginer que leur enfant avait un tel souci de les rassurer.

En ce qui concerne les enfants plus grands, passons rapidement sur les petits curieux qui veulent savoir ce qui se passe dans la chambre des parents quand ils n'y sont pas[1]. C'est avec des mots qu'il faut les informer, au lieu de les installer dans le lit. La plupart des parents sont informés qu'il n'est pas souhaitable que les enfants dorment dans leur lit. La plupart le font quand même, et ne s'en cachent pas. Ils nous en parlent comme des enfants qui ont désobéi : contrits ou ravis. De fait, ils ne sont pas du tout prêts à renoncer à leur plaisir à eux, la prolongation du corps à corps des premiers mois de la vie, ni à provoquer un déplaisir momentané chez l'enfant chassé du lit.

Depuis quelques années, je reçois de plus en plus d'enfants entre sept et quinze ans qui présentent de vrais troubles du sommeil qui ne dérangent pas leurs parents. Ils s'endorment très tard, se réveillent dans la nuit, ont beaucoup de mal à se rendormir ou se réveillent très tôt le matin. Ils ne s'en plaignent pas toujours et on l'apprend en les questionnant alors qu'ils sont venus pour tout autre chose. Ça dure parfois depuis des mois.

À ces âges, on trouve rarement une cause précise. Mais les entretiens avec l'enfant autour de tout ce qui le préoccupe améliorent souvent le sommeil, parfois de façon transitoire, parfois pour plus longtemps. Comme la plupart des symptômes de l'enfant, le trouble du sommeil est une question – ou plusieurs – qui ne peuvent se formuler avec des mots. Donner des médicaments endort certes, mais cela endort aussi la curiosité qui n'est pas, comme on le disait autrefois, un vilain défaut.

Si, justement, votre enfant, qu'il soit bon dormeur ou pas, se pose des questions sur le sommeil – on passe quand même le tiers de notre vie à dormir –, je vous

1. Voir plus loin « Dans le même lit », p. 28.

conseille d'emprunter *Vive le sommeil*[1]. Le mérite de ce livre est d'en exposer tous les aspects, scientifiques, affectifs et inconscients. Car on peut aussi apprendre à mieux dormir en respectant les signaux de son corps, à ne pas avoir peur de dormir et à respecter le sommeil d'autrui.

1. Catherine Dolto et Jeannette Bouton, *Vive le sommeil,* Hatier, 1987.

Le mystère des fesses rouges

J'ai eu la surprise de voir arriver à ma consultation des nourrissons dont le seul symptôme était de présenter des fesses rouges ! On me décrivait cet érythème fessier comme une brûlure du deuxième, voire du troisième degré. J'ai d'abord été stupéfaite d'entendre qu'un érythème fessier puisse être un motif de consultation chez un psychanalyste. Ne sachant strictement pas quoi faire de ce symptôme tant il est banal en pédiatrie, j'ai pris le parti de le mettre de côté et de m'occuper de l'enfant et de son histoire. La première fois, il s'agissait d'un enfant né sous X, que la mère n'avait pu voir à la naissance, et qui était en attente de la fin du délai légal de rétractation, trois mois à l'époque. Avec les éléments qu'on m'a fournis, j'ai retracé tout simplement à cet enfant ce que je savais de son histoire sans même évoquer son symptôme, ne sachant pas quoi en dire. À la surprise générale, l'érythème fessier qui paraissait si grave a guéri en un temps record. Même si ce « triomphe de la psychanalyse » en laissa plus d'un sceptique, et moi la première, vous pouvez imaginer qu'à chaque fois qu'un enfant présentait un érythème fessier particulier par sa gravité, une consultation m'était demandée. J'ai donc eu la possibilité de réunir plusieurs observations et de m'interroger pour savoir si elles présentaient des points communs, ce qui était en effet le cas.

Ces enfants étaient nés sous X ou avaient été abandonnés à la naissance, et pour certains sur la voie publique. Mais tous les enfants placés en pouponnière ne présentaient pas cet érythème fessier. Il fallait aussi, et on le savait pour les enfants nés sous X, que la mère n'ait pas pu ou pas voulu ou ait été empêchée de *voir* le nourrisson avant la séparation.

Comment l'absence de regard porté sur l'enfant peut-il entraîner une effraction cutanée ? On ne peut s'empêcher d'évoquer la tragédie grecque. Dans la Grèce antique, la reconnaissance maternelle était avant tout une identification physique, l'identification sociale revenant exclusivement au père. Or le principe de la tragédie – notamment dans *Œdipe roi* de Sophocle – est de construire des situations rendant cette identification physique possible, tout en ayant posé d'emblée son impossibilité. Laïos a percé et lié les chevilles d'Œdipe devant Jocaste avant de l'exposer. Œdipe devenu adulte porte des cicatrices très caractéristiques aux chevilles qui auraient pu permettre à Jocaste de l'identifier, ce qu'elle ne fait pas. C'est l'un des ressorts de cette tragédie.

Les mères qui accouchent sous X ou abandonnent leur enfant sans un regard de reconnaissance se privent à tout jamais de pouvoir l'identifier. Manifestement, elles privent aussi l'enfant de quelque chose qui se traduit par l'effraction cutanée.

Grâce à Catherine Dolto, haptothérapeute, j'ai appris à considérer la peau du nourrisson comme un organe d'audition, ce qu'elle est pour le fœtus : les vibrations transmises par le liquide amniotique percutent cette enveloppe. Pour tenter d'y comprendre quelque chose, je mets par hypothèse sur le même plan toutes les effractions cutanées (otites ou eczéma). Mais si je suis mon propre raisonnement, j'ai du mal à comprendre comment l'absence de regard peut avoir un effet similaire à des paroles non dites, mal entendues ou fausses. Dans ce domaine, je crois qu'il ne faut pas se priver d'avoir de l'imagination. J'imagine donc qu'un fœtus qui entend la voix de sa mère doit savoir ou pressentir qu'en venant au monde, il entendra cette même voix (qu'il saura reconnaître d'emblée) associée à d'autres sensations : odorat, toucher et vue. Il semble qu'une privation sensorielle partielle ou totale provoque le pressentiment de l'abandon. Il vous paraît peut-être abusif ou folklorique de raisonner de cette façon et plus encore par téléiomorphisme (ça veut dire en prêtant à un nourrisson ses propres sentiments). Au contraire, c'est le privilège de l'analyste d'être un « praticien de la fonction symbolique », comme le disait Lacan, et non un guérisseur de symptôme.

Avant 1940, à l'hôpital Bretonneau où la mortalité infantile était encore très importante, le professeur Pichon avait obligé, non sans mal, les infirmières à rester cinq minutes par jour avec les nourrissons sans rien faire sauf leur parler et les bercer. Le taux de mortalité infantile dans son service avait diminué de façon sensible. On connaît aujourd'hui le lien entre le taux des défenses immunitaires et le psychisme. « Avec des mots, un homme peut rendre son semblable heureux ou le pousser au désespoir, et c'est à l'aide de mots qu'un maître transmet son savoir à ses élèves, qu'un orateur entraîne ses auditeurs et détermine leurs jugements et décisions. Les mots provoquent des émotions et constituent pour les hommes le moyen général de s'influencer réciproquement », écrit Freud dans *Introduction à la psychanalyse.*

Est-ce qu'on a dit mieux depuis ? Pas à ma connaissance.

Dans le même lit

Nos bébés et nos chiens : où doivent-ils dormir ? Une pédiatre renommée recommandait récemment aux parents, sur les ondes, de dormir avec leur bébé, pour le sécuriser disait-elle, tandis qu'à la télévision un vétérinaire prescrivait de laisser le chien dormir seul dans le noir, surtout pas sur le lit.

Qu'en déduire sinon qu'il ne faut pas traiter de la même façon un bébé et un chien ? Quant à savoir lequel des deux est mieux traité, c'est une autre affaire. Ces conseils répondent pourtant à de réelles inquiétudes : parents et propriétaires d'animaux – ce sont parfois les mêmes – ne se posent-ils pas la question angoissante de savoir avec qui il convient de dormir ? Peut-être même vont-ils jusqu'à s'interroger sur la finalité de ce qu'on appelle maintenant dans les magazines le « cosleeping ». J'avoue les limites de ma compétence en matière d'animaux. J'avoue également avoir dormi plusieurs années avec mon chat faute de pouvoir lui faire comprendre que c'était mon lit et pas le sien. Cet abyssin gracieux se comportait plutôt comme s'il condescendait à ce que je prenne place dans son panier. J'aurais pu lui fermer ma porte mais je ne peux pas dormir quand la porte est fermée : « insécurisée », dirait la pédiatre. Mais revenons à nos moutons, c'est-à-dire aux bébés.

Dans ce domaine, je me garderais bien de donner le moindre conseil. Des générations de psychologues se sont succédé pour assener qu'un bébé, et plus encore un enfant, devait dormir comme un chien, c'est-à-dire seul dans sa chambre. Des générations de parents ont fait semblant d'adhérer à cette prescription pleine de bon sens. Dans la réalité, jamais conseil n'a été moins suivi comme viennent nous l'apprendre de nombreux parents contrits ou triomphants. Il arrive même que le cosleeping soit *le* motif de la consultation dans un centre médicopsychologique et celui qui s'en plaint n'est pas toujours celui qu'on croit.

Ceux qui interdisent le cosleeping devraient être les derniers surpris en apprenant que les parents n'en font qu'à leur tête : un interdit indique un désir à réprimer qui, comme tout désir, tend à se réaliser, qu'il soit ou non licite.

Si l'interdit de l'inceste est quasi universel, l'interdiction de dormir dans le lit de ses parents ne l'est pas – or il existe un lien entre les deux qui mérite d'être explicité. Dans notre culture de pays riche et développé, le « dormir ensemble » est apparu, avant même la découverte de l'ampleur de la réalité de l'inceste et de la pédophilie, comme le symbole d'une promiscuité inadéquate entre adultes et enfants alors qu'on admet fort bien que des frères et sœurs dorment dans la même chambre, sans être trop regardant sur ce qu'il s'y passe.

Pour émettre un tel interdit, certains psychanalystes ou psychologues se sont inspirés de leur clinique individuelle en la généralisant. On peut se demander, comme dans bien d'autres domaines, si cette démarche est toujours pertinente. Le lit double pour les parents et le lit individuel pour chaque enfant est la norme, en tout cas pour la plupart des familles qui vont chez un psy. Mais, même en France, cette norme est relativement récente et n'est peut-être même pas majoritaire compte tenu des millions de personnes qui vivent dans la précarité. Dans un colloque récent ayant pour thème « Les enfants pauvres en France », on apprend que dix et demi pour cent des enfants, soit environ un million quatre cent mille d'entre eux, sont « pauvres en conditions de vie ». L'un des indicateurs de cette pauvreté est l'étroitesse du logement au regard de la composition de la famille. La pièce unique, quand il y en a une, est alors la norme. À l'autre bout de l'échelle sociale, en d'autres temps, les couples faisaient lit à part, voire chambre à part, sans qu'on invoque des troubles de la relation conjugale comme ce serait le cas aujourd'hui. Dans d'autres civilisations, il ne me semble pas – même si je ne suis pas très calée en la matière – que les enfants esquimaux fassent igloo à part, ni que les enfants africains aient chacun leur chambre.

Pendant des siècles et encore maintenant, pour des raisons sociales, économiques et climatiques, un grand nombre de familles, toutes générations confondues, ont dormi dans une seule et même pièce et parfois sur une seule couche. Les nourrissons, s'ils survivaient, étaient rarement seuls et certainement pas pour dormir. Quand et comment les adultes avaient-ils des relations sexuelles ? Je n'en sais rien, mais on ne devait pas s'embarrasser beaucoup de la présence des enfants dont on pensait que, pendant leur sommeil, ils n'entendaient rien, ne voyaient rien et ne comprenaient rien.

En France, nos conditions de vie matérielle ont beaucoup changé, personne ne s'en plaint, mais il y a quelque naïveté à surcharger de signification pathogène le fait que parents et enfants dorment ensemble un peu, beaucoup mais pas toujours passionnément. Il y a aussi une certaine naïveté à croire que ce sont toujours les enfants qui veulent aller dans le lit des parents.

Le discours consiste à expliquer au petit curieux que papa et maman ont besoin d'être seuls pour s'aimer. Passée une certaine heure, il n'est plus à sa place dans la chambre de ses parents. Seulement tous les parents ne s'aiment pas et le dérangement que provoque l'enfant n'est pas toujours si malvenu qu'il y paraît. Quand l'un ou l'autre parent s'absente, pour quelques jours ou pour toujours, et que l'enfant vient à la place de l'absent, on ignore souvent qui en est le plus satisfait, du parent ou de l'enfant, quoi qu'en disent les protagonistes. Le désir incestueux, qui n'est pas réductible au passage à l'acte sexuel finalement rare dans le lit conjugal, est autant du côté du parent que de l'enfant. Un adulte peut dormir chastement avec un enfant ou ne jamais partager son lit et l'exciter de bien d'autres façons, tandis qu'un enfant pisseur saura tenir à distance l'adulte qui veut le garder dans son lit tout en lui affirmant le contraire.

Dans les groupes de parents que j'anime depuis quelques années, les familles vivant dans une seule pièce sont celles qui m'en ont le plus appris. Certains parents déploient des trésors d'ingéniosité pour marquer symboliquement les places des uns et des autres dans un espace très réduit, par exemple en tendant un drap le soir entre les couches des adultes et celles des enfants. D'autres vivent dans la confusion générationnelle en se servant des enfants et en s'en justifiant par l'absence effective de place. Venir avec nos gros sabots de psys des beaux quartiers raconter qu'il est nocif que parents et enfants dorment dans la même pièce serait faire preuve d'une suffisance et d'un mépris total envers toutes ces personnes pour lesquelles néanmoins, que nous le voulions ou non, nous représentons un modèle social voire un idéal qui restera inaccessible.

La mise en pratique de l'interdit de l'inceste ne se réduit pas à appliquer un modèle normatif en matière de literie. Les hommes ont su trouver et trouveront encore des milliers de façons et de s'y conformer et de l'enfreindre.

Naître humain

Comment vont les femmes enceintes et les nourrissons ? Médicalement bien et psychiquement mal, nous répondent la psychanalyste Myriam Szejer et la sage-femme Francine Caumel-Dauphin [1]. Travaillant toutes deux dans de grands services d'obstétrique, elles sont bien placées pour analyser les effets de la médicalisation intensive de la grossesse. L'un d'eux, et non des moindres, est d'avoir fait passer au second plan l'accompagnement humain.

Certes, la prise en charge médicale de la grossesse, avec ses visites prénatales obligatoires, ses examens biologiques, ses échographies, a permis de diviser par cinq le risque de perdre un enfant à la naissance entre 1950 et 1990. Il faut s'en féliciter, sans oublier pour autant que quatre-vingt-dix pour cent des grossesses se déroulent sans la moindre difficulté.

Paradoxalement, l'amélioration de la sécurité s'accompagne d'une augmentation de l'inquiétude chez les

1. Myriam Szejer et Francine Caumel-Dauphin, *Les Femmes et les Bébés d'abord*, Albin Michel, 2002.

femmes enceintes. Les consultations prénatales ne commencent plus par : « Comment allez-vous ? » ou « Comment va votre bébé ? ». Sans leur poser la moindre question, on les expédie directement faire pipi, se déshabiller, se peser et prendre leur tension. C'est plus pratique et ça va plus vite, mais les femmes se retrouvent complètement infantilisées, dépossédées d'elles-mêmes, de leur grossesse et de leur enfant, quand elles ne se sentent pas considérées, à tort ou à raison – mais parfois à raison car on ne devient pas obstétricien par hasard –, comme un danger pour leur enfant.

Très curieusement, les immenses découvertes concernant la sensorialité des fœtus et des bébés sont mieux connues du grand public que prises en compte dans les maternités : on continue à se précipiter sur le nouveau-né pour le rendre « présentable », à le séparer de sa mère pour le « réchauffer » et à ne pas le laisser tranquillement chercher le sein, au prétexte qu'il n'a pas encore de lait.

Les progrès s'opèrent souvent au détriment de la dimension humaine, et au mépris de toutes les connaissances concernant la sensorialité du fœtus : soixante-dix pour cent des fœtus chez qui une anomalie a été suspectée, à un moment ou à un autre de la grossesse, voient le jour en bonne santé. Mais qui s'inquiète des conséquences chez un couple qui a pu envisager une décision d'interrompre cette grossesse, et de ses effets sur le fœtus en qui sa mère a perdu confiance ? Au-delà des examens, dont la fiabilité ne sera jamais totale, les femmes n'ont pas seulement besoin d'être informées, mais aussi d'exprimer les émotions que suscite toute information, surtout lorsqu'elle est inquiétante.

Pour les quatre-vingt-dix pour cent de femmes dont

la grossesse se déroule sans incident, il est grand temps de prévoir ce qui se fait déjà dans d'autres pays pas particulièrement sous-développés (l'Allemagne, la Suisse ou le Québec) : une grossesse et un accouchement moins médicalisés mais plus personnalisés dans des « maisons de naissance » situées à proximité des plateaux techniques dont les femmes et les nouveau-nés peuvent éventuellement avoir besoin. Les sages-femmes seraient les maîtresses de maison de ces lieux, où l'on peut espérer que les psychanalystes trouvent aussi d'emblée leur place. D'abord pour les sages-femmes qui, comme les autres professionnels, ont besoin de réfléchir sur leurs pratiques. Ensuite pour les couples et leurs enfants s'ils le souhaitent.

Les jeunes filles d'aujourd'hui, nées avec l'accès à la contraception et le droit à l'avortement, pensent que leurs mères se sont bien battues. Elles n'ont pas tout à fait raison. Il reste encore des luttes fondamentales à mener et, que nous le voulions ou non, celles-ci nous concernent toutes et tous.

École ou crèche

S'il est une chose que les Allemandes nous envient, c'est nos différentes possibilités de faire garder les bébés ! Les mères de jeunes enfants, qui ne trouvent aucun mode de garde satisfaisant, ne s'en douteraient pas...

Une famille n'a pas toujours ce qu'elle souhaite au moment où elle le souhaite, ni d'ailleurs ce qu'elle ne souhaite pas a priori mais accepterait quand même. D'où un sentiment d'impuissance, d'insatisfaction, voire de colère. Et ce n'est pas l'annonce de la création de nouvelles places de crèche qui y changera quelque chose, car ce sera pour plus tard et, plus tard, ce sera trop tard.

Personne ne sait vraiment comment influer sur un taux de natalité (sauf les Chinois). Mais il est de fait que les pays où les femmes doivent rester à la maison pour garder leurs enfants ont actuellement les taux de natalité les plus bas d'Europe. La France, où les femmes travaillent majoritairement et font donc garder leurs enfants, a un taux de natalité qui augmente depuis deux ans et bat les records d'Europe avec l'Irlande, pays où l'avortement est interdit. C'est dire que l'accueil des tout-petits est une question politique, économique et humaine qui nous concerne tous, même ceux qui n'ont pas d'enfants.

Pas plus qu'il n'y a de famille idéale, il n'y a de mode de garde idéal. En revanche, certains conviennent aux parents, d'autres pas. Un enfant ne peut pas se sentir en sécurité si ses parents n'ont pas confiance. Quelle que soit la qualité du lieu d'accueil, un enfant ne s'y sentira bien que si ses parents sont prêts à le lâcher, s'il est sûr de son identité, et s'il sait que ses parents viendront bien le chercher.

Or la responsabilité de la garde des enfants repose encore en grande partie sur les femmes : ce sont elles qui se culpabilisent et dépriment quand elles doivent se séparer de leur bébé à la fin du congé maternité qui n'est pas forcément le moment qu'elles auraient choisi. Et celles qui se réjouissent de retravailler ne sont pas celles qui culpabilisent le moins...

Au moment de la dernière rentrée scolaire, l'accueil en maternelle à partir de deux ans a été remis en cause par l'Éducation nationale.

Jusqu'à présent, cet accueil avait bien arrangé les inspecteurs d'académie en évitant des fermetures de classe pendant les années creuses. Elle arrangeait aussi bien des parents : l'école, contrairement à la crèche, est gratuite.

La scolarisation précoce s'est ainsi développée au hasard des possibilités sans aucun pilotage ministériel apparent si l'on en juge par les énormes disparités régionales.

Que penser ? L'école maternelle conçue pour les enfants de trois à six ans n'est pas adaptée aux enfants de deux ans. Il y a autant de différence entre un enfant de deux ans et un enfant de trois ans, qu'entre un enfant de dix ans et un adolescent de quinze. Il s'en passe des choses pendant cette année-là ! D'autant que l'enfant de deux ans n'existe pas. Certains, pas les plus nombreux, parlent quasi couramment, d'autres ne prononcent que quelques mots. Certains sont propres, d'autres pas. Ils font encore la sieste de préférence avec un doudou. Ils mangent rarement tout seuls, ne savent pas forcément mettre leur manteau, mais ont déjà des habitudes qu'il convient de respecter. Autant dire que, si l'école veut les accueillir, elle doit sérieusement s'adapter plutôt que d'adapter les enfants. Certaines écoles l'ont fait, d'autres pas.

Si vous êtes en âge d'être parents, vous n'avez probablement pas été à l'école si jeune. Mais peut-être avez-vous des souvenirs un peu plus tardifs d'incompréhension totale devant ce que l'on vous demandait de faire et d'impossibilité de l'exprimer parce que les mots manquaient. La scolarité est ensuite si longue qu'il n'est pas idéal d'avoir une première expérience si déroutante. L'école n'est donc pas faite pour les enfants de deux ans ; pour autant, leur accueil reste prioritaire.

Depuis les Maisons vertes inventées par Françoise Dolto, pour prévenir les effets néfastes des séparations normales de la vie, il n'y a pas eu beaucoup d'innovation dans ce domaine. La discontinuité entre les crèches et l'école persiste parce que ce sont des administrations différentes qui les gèrent. Peut-être serait-il temps de s'inspirer du dynamisme des deux-trois ans pour imaginer des structures qui, entre les écueils de la simple garde et ceux de l'apprentissage trop précoce, se préoccupent du « vivre ensemble » dans la sécurité et le respect de chacun. Les deux-trois ans, comme nous tous, gagnent à fréquenter des plus jeunes et des plus âgés, comme en famille. Ils gagnent aussi à avoir des activités variées et des activités répétitives sans évaluation à la clé. Ils ont encore besoin qu'on évoque en paroles leurs parents pendant le temps de la séparation. Ils aiment les histoires et ils ont aussi besoin qu'on les laisse un peu tranquilles. Il faut leur expliquer encore et encore le sens d'une interdiction pour qu'ils puissent l'intégrer. On peut leur demander beaucoup de choses mais pas de se tenir tranquille car, à cet âge, on écoute mieux en bougeant.

Entre les crèches qui, malgré leur décoration, ressemblent à s'y méprendre à des hôpitaux et des salles de classe qui ne sont pas toujours adaptées non plus, ne pourrait-on pas imaginer d'autres petites structures, moins coûteuses, plus souples, plus humaines – car les violences même involontaires exercées sur les enfants laissent des traces ? On le sait et on sait même comment les éviter. Pourquoi ne pas tenter de mettre tout ça en pratique ?

Danielle Dalloz, *Où commence la violence ? Pour une prévention chez le tout-petit*, Albin Michel, 2003.

B.A.-BA

Dix à quinze pour cent des jeunes arrivent en sixième sans maîtriser le langage écrit, ni même parfois le langage oral : de quoi inquiéter le ministre de l'Éducation nationale, Luc Ferry, qui a décidé de « s'attaquer » à l'illettrisme. Comme ses prédécesseurs et le président de la République lui-même.

Les propositions visant à améliorer la situation paraissent au premier abord pleines de bon sens. Il s'agit de faire lire et écrire les élèves plus souvent et plus longtemps, quelles que soient les méthodes utilisées. Le certificat d'études n'existe plus mais les nostalgiques disent que ceux qui l'avaient obtenu n'avaient pratiquement fait que ça : lire, écrire, compter. Et qu'ils savaient effectivement lire couramment, écrire sans fautes d'orthographe et compter même mentalement. Sous réserve d'évaluation, on peut penser qu'en lisant davantage, les enfants qui savent déjà lire liront mieux.

Pour fréquenter les enfants en difficulté scolaire depuis de fort nombreuses années, je voudrais dire une chose que personne ne semble vouloir entendre aujourd'hui : l'école ne peut pas tout. Il existe un pourcentage non négligeable d'enfants qui sont malades de la parole, de la lecture et de l'écriture. L'école ne peut pas les soigner car ce n'est pas de pédagogie qu'ils ont besoin. Quand les psys ou d'autres professionnels disent cela, l'Éducation nationale a vite fait de nous accuser de médicaliser ou de « psychologiser » le problème. En même temps, les enseignants du primaire sont les premiers à conseiller aux parents de consulter une orthophoniste ou un psychologue à la moindre difficulté...

L'orthophonie est une profession paramédicale. Qu'elle soit exercée en libéral ou dans un centre, les parents doivent avoir l'ordonnance ou la prescription d'un médecin pour être remboursés ou y avoir accès. La plupart des médecins, généralistes ou spécialistes de l'enfance, n'y connaissent pas grand-chose et régularisent la situation en rédigeant leur ordonnance sous la dictée de l'orthophoniste qui établit seul le diagnostic et la rééducation. La formation des orthophonistes est majoritairement contrôlée par les médecins ; ils disposent d'une palette assez limitée d'instruments diagnostiques et de possibilités thérapeutiques. En cas d'échec, ils n'ont d'autre ressource que de renvoyer l'enfant chez le médecin, de l'abandonner ou de persévérer des années sans aucun progrès notable.

Quand j'entends dire, ici et là, que seule la pédagogie est en cause, je suis consternée. Comment imaginer que des mécanismes aussi complexes, et encore mal élucidés, que la parole, la lecture et l'écriture ne puissent être abîmés par des atteintes d'ordre neurologique (comme on en connaît chez les adultes), mais aussi probablement d'autre nature ? La pédagogie la plus parfaite n'y pourra rien. Pour qu'une pédagogie soit efficace, il faut qu'en amont tout soit intact et prêt à fonctionner. Si tel est le cas, un enfant, de quatre à sept ans, se met à lire en quelques jours ou quelques semaines, quelle que soit la méthode employée et même si la maîtresse est souvent absente. Pourtant, beaucoup n'y arrivent pas. Les enseignants et les parents le savent bien. Plusieurs laboratoires de neurolinguistique étudient ces troubles de près et des classes pour dyslexiques, instamment demandées par les parents, sont parfois créées. Ces enfants ne guérissent pas toujours, loin de là, car il existe un décalage important entre la recherche et les possibilités thérapeutiques. Mais au moins leurs difficultés sont-elles reconnues, nommées et surtout ne sont-elles plus confondues avec une déficience intellectuelle ou des troubles psychopathologiques.

Pendant des années, j'ai galéré avec ces enfants. Pas ceux qui avaient des problèmes psychologiques (car ils étaient de mon ressort et j'ai pu les tirer d'affaire), mais les autres : ceux qui voulaient apprendre en y mettant toute leur énergie sans y arriver, à leur grand désespoir. Au désespoir, aussi, de leurs parents et de leurs enseignants.

Et puis, j'ai fait une rencontre. Il y a une quinzaine d'années, deux enfants me préoccupaient particulièrement car je n'y comprenais rien. Une fillette de six ans, dont la mère était illettrée, m'avait été adressée par une consœur avec un diagnostic de psychose qui ne me paraissait pas évident. Elle ne retenait rien : aucun chiffre, aucune lettre, aucun nom de couleur. L'autre enfant, un garçon plus âgé, venait d'Europe centrale. Il maîtrisait mal le français mais ne maîtrisait pas mieux sa langue maternelle. J'étais impressionnée par son énergie à apprendre alors qu'il n'arrivait absolument pas à associer deux lettres malgré les efforts conjugués de son institutrice et de l'orthophoniste.

En désespoir de cause, j'ai moi-même conduit ces deux enfants chez le docteur Gisèle Gelbert, neuroaphasiologue, spécialiste, à l'époque, des personnes âgées devenues aphasiques après un accident vasculaire cérébral. Orthophoniste, linguiste et neurologue de formation, elle rééduque elle-même ses patients. Gisèle Gelbert s'est intéressée à ces enfants. Elle a changé leur vie mais ils ont aussi changé la sienne puisque, depuis, elle se consacre quasi exclusivement à eux.

Qu'a-t-elle découvert ? Que certains enfants souffrent de troubles de la parole, de la lecture et de l'écriture plus ou moins importants, associés ou isolés, qui ressemblent à ceux que présentent certaines personnes âgées. Mais sans que l'on trouve chez eux la moindre lésion cérébrale. Elle a observé, réfléchi et conçu non pas une technique mais un schéma – complexe – des fonctions linguistiques qui permet de repérer où se situe un trouble quand il se présente. Elle a ensuite imaginé – sur mesure, au cas par cas – un exercice linguistique permettant de restaurer ce que l'on peut par analogie appeler une lésion, ouvrant ainsi de nouvelles possibilités thérapeutiques.

Grâce à son travail et aux personnes qu'elle a formées, des centaines d'enfants ont progressé. Ils sont issus de tous les milieux sociaux. Ils avaient tous été enseignés voire rééduqués par des personnes compétentes. Mais avec un bras cassé, le meilleur professeur de tennis ne vous fera jamais renvoyer une balle.

Ces enfants malades de la lecture et de l'écriture existent, il importe que les enseignants et les parents le sachent. Un diagnostic précoce – a ı cours préparatoire mais pas avant – et une rééducation adaptée améliorent le pronostic et évitent à l'enfant de se retrouver confronté à un échec scolaire psychologiquement destructeur.

Gisèle Gelbert a publié plusieurs livres [1]. Ils sont loin d'être faciles à lire mais ils témoignent d'une pensée, d'une créativité et de résultats remarquables. Le premier a pour titre *Lire c'est vivre.* Tout un programme – mais qui n'est pas scolaire !

---

1. Gisèle Gelbert, *Lire c'est vivre*, Odile Jacob, 1994 ; *Le Cerveau des illettrés*, Odile Jacob, 1998 ; *Lire c'est aussi écrire*, Odile Jacob, 1998 ; *Un alphabet dans la tête*, Odile Jacob, 2001.

La télévision baby-sitter

« Arrête de regarder la télé ! » « Éteins ça immédiatement ! » « Encore devant la télé ! » « Tu n'en as pas assez de t'abrutir ! »... Voilà ce que disent les parents.

Voyons leurs actes. Quasiment depuis la naissance de leurs enfants, ils ont utilisé la télévision comme baby-sitter, et sont enchantés de ses services : les chers petits sont là tout en étant absents, silencieux et calmes, bridés dans leur expression et leur motricité.

La lune de miel est brève. Elle s'interrompt dès que l'enfant commence à préférer la compagnie de la « baby-sitter » à toute autre personne ou activité, et qu'il ne laisse plus sa mère décider pour lui.

D'ailleurs pourquoi ne deviendrait-il pas « accro » puisque ses parents sont si contents lorsqu'il est « sage » ? Tant que maman contrôle, c'est bien, mais dès que l'enfant devient plus autonome, ça devient trop, ça devient mal, ça devient nul. Or les enfants d'aujourd'hui savent utiliser la télévision et le magnétoscope avant de savoir tenir leur cuiller ; et les parents de s'extasier lorsqu'il appuie sur le bouton « marche » alors qu'il ne sait pas lire. Mais quel parent a jamais félicité son fils ou sa fille de regarder son émission préférée ? Combien ont pris la peine de regarder cette émission ? Pourquoi perdre son temps alors qu'il y a tant de choses à faire pendant qu'un enfant est sous contrôle ? S'il prenait un livre, il serait au moins sûr de ne pas être dérangé ! Car, après trois ans, peu d'enfants regardent sereinement la télévision, activité (passivité ?) dévalorisée, dévalorisante, critiquée, considérée comme un pis-aller ; il y a toujours mieux à faire : des jeux éducatifs, les devoirs bien sûr, et toujours la lecture, même d'une bande dessinée.

L'enfant ne peut pas ne pas ressentir le paradoxe suivant : quand il est seul devant la télévision, ce n'est pas bien. Mais quand ses parents regardent des choses aussi ennuyeuses que les informations ou toute autre émission, non seulement c'est bien mais il est hors de question de les interrompre même pour dire quelque chose d'urgent ou de passionnant : ça les dérange vraiment et ils n'écoutent même pas.

Pourtant, la plupart des enfants finissent par obtenir de transgresser les quelques règles émises par les parents : pas de télé le matin avant de partir à l'école encore que... il est tellement plus rapide d'habiller un enfant en âge de le faire tout seul et même de lui faire manger ses corn-flakes avec du lait qu'il n'aime pas mais qui est si bon pour la santé pendant qu'il est captivé par son dessin animé. Au moins, on quitte la maison de bonne humeur si tant est que l'enfant veuille bien partir ! Et le week-end, n'est-ce pas plus reposant de laisser les enfants allumer la télé que de se réveiller à six heures du matin ? En semaine, la télévision est souvent éteinte pendant que les enfants vont se coucher. Mais s'il y a un match de foot que papa regarde, c'est trop injuste, non ? Le dimanche, il faut sortir, mais s'il pleut ? s'il fait froid ? et puis où aller ? On ne va quand même pas laisser les enfants s'ennuyer (ou plutôt nous ennuyer) tout l'après-midi ! Inviter un copain ? Inutile, ils vont regarder la télévision ensemble.

La privation de télé ou de jeu vidéo reste la punition favorite des parents, la plus redoutée des enfants et celle qui tient le moins longtemps : ce sont généralement les parents qui craquent en premier.

À la sortie de l'école, les parents demandent comment s'est passée la journée (alors qu'eux-mêmes parlent rarement de leur propre journée). Idem au retour de chez les grands-parents ou de chez un copain. Mais demande-t-on à un enfant ce qu'il a vu quand il a passé deux heures seul devant la télé ?

Si la télévision abrutit les enfants, c'est justement parce qu'on n'en parle pas. Tout peut être intéressant, tout peut être source d'apprentissage ou de questionnement, tout peut servir à former le jugement à condition précisément d'en parler.

La télévision n'est pas un mode de garde anodin, un sirop lénifiant que l'enfant absorberait passivement. Comme tout ce qu'il perçoit, les images et les sons provoquent en lui émotions et sensations.

Il n'y a pas que la violence. Tout – c'est-à-dire n'importe quelle image si elle entre en résonance dans le psychisme avec une autre émotion, ou un autre événement qui n'ont pas été nommés – peut constituer un traumatisme.

Rares sont les familles qui, dans un souci de préserver les enfants, prennent la décision drastique de supprimer la télévision, le magnétoscope et les jeux vidéo qui vont avec. Il faut quand même vivre avec son temps, non ?

Mais si les parents montraient un tant soit peu d'intérêt pour cette activité, car c'en est une, ils pourraient en faire tout autre chose qu'une source de conflit permanent. À nous de voir, et d'en parler de préférence avec nos enfants plutôt qu'avec nos collègues de bureau.

L'intégration scolaire des handicapés

Il y a des parents que M. Sarkozy, ministre de l'Intérieur, aimerait faire payer pour que leurs enfants soient plus assidus à l'école. Il y en a d'autres qui paieraient pour que l'école reçoive leurs enfants : les parents d'enfants handicapés.

Dès la mi-septembre, à peine quinze jours après la rentrée, j'ai commencé à recevoir des parents éplorés parce que l'école ne voulait plus de leur enfant de trois ans. Pourtant, les choses n'avaient pas mal commencé. Bien avant la rentrée, les parents avaient pris contact avec la direction de l'école, sachant que, pour une raison ou pour une autre, leur enfant était « différent ». Un contrat d'intégration avait été proposé avec bonne volonté et ils étaient confiants, certains que la maîtresse aurait un aide-éducateur aux heures où l'enfant était scolarisé, même s'il n'était pas admis à plein temps.

Quand Ségolène Royal était au gouvernement, ils avaient ressenti que le gouvernement s'impliquait fortement dans l'intégration des handicapés et cela leur avait donné des ailes. Depuis cette rentrée, on entend beaucoup le ministre de l'Intérieur et celui de la Justice, peu le ministre de l'Éducation et encore moins celui de la Famille.

En banlieue parisienne où je travaille, les contrats d'intégration ne sont pas honorés et les enfants « différents » sont renvoyés dans leur foyer car l'école n'est pas obligatoire avant six ans.

J'en étais là de ces tristes constatations lorsqu'une étudiante, Cornélia Schneider, venue me demander conseil pour mener une recherche sur l'intégration des jeunes handicapés en France, m'a apporté un article tiré de son mémoire de maîtrise[1].

Cornélia Schneider a la double nationalité allemande et française. Elle a comparé l'intégration des handicapés dans les jardins d'enfants en Allemagne et dans les écoles maternelles françaises. Son étude m'a appris beaucoup de choses.

En Allemagne, la situation n'est pas merveilleuse. Les jardins d'enfants sont plutôt rares, et placés sous la responsabilité des régions, ce qui entraîne des disparités considérables. Ils sont sous la tutelle du ministère des Affaires sociales et non de l'Éducation nationale comme en France. Leurs horaires sont incompatibles avec le travail des femmes, ce qui n'est pas un inconvénient mineur. Cependant, ils sont centrés sur la socialisation et l'ouverture aux familles tandis que les écoles maternelles françaises sont centrées sur la préparation à l'école élémentaire. Les personnels qui accueillent les trois-six ans sont donc différents. En Allemagne, il s'agit d'éducateurs

---

1. Cornélia Schneider, « Intégration préscolaire en France et en Allemagne : à la recherche d'un tissu social », in *Handicap, Revue de sciences humaines et sociales*, n° 87, 2000.

formés en cinq ans. En France, les « maîtresses » de maternelle sont professeurs des écoles. Elles ont la même formation en deux ans que les enseignants du primaire.

Les comptes rendus des entretiens avec les enseignants des deux pays m'ont paru très instructifs. Elles (car dans les deux pays, le métier est fortement féminisé) avaient à répondre à une question très générale : « Comment se passe l'intégration dans votre groupe ? »

En Allemagne, malgré la présence de cinq enfants handicapés dans le groupe, les éducatrices parlent très peu d'eux. Elles abordent surtout les relations des enfants intégrés avec les autres. L'intégration, automatique, normale, ne constitue pas un sujet en soi. En France, les institutrices parlent essentiellement du handicap et de la problématique de l'enfant handicapé, et très peu des interactions avec les autres enfants.

Cela correspond à deux conceptions différentes de l'intégration. En France, l'intégration est vue comme une adaptation à une norme institutionnelle. Si l'enfant ne peut s'adapter, on ne peut pas parler d'intégration réussie. Les institutrices sont souvent seules dans des classes de plus de vingt-cinq élèves sans personnel supplémentaire permanent.

Pour les éducatrices allemandes, l'intégration est conçue comme un « vivre ensemble », en créant un cadre adéquat pour faciliter les échanges et en offrant tous les moyens pédagogiques et thérapeutiques dont l'enfant a besoin. Elles font partie d'une équipe pluridisciplinaire et parlent de leur travail en disant « nous ». Leur devise serait : « Il est normal d'être différent. »

La considération portée aux parents est tout aussi tranchée. En France, les parents d'enfants handicapés sont des parents spéciaux dont le principal travail consisterait à reconnaître le handicap, tout en envisageant l'intégration dans l'objectif de rendre l'enfant normal. En Allemagne, les rapports entre éducateurs et parents sont meilleurs quand les parents ont un enfant handicapé. Les autres parents estiment important que leurs enfants côtoient des handicapés.

Malheureusement, tout ce travail tombe à l'eau lors du passage dans le primaire : en Allemagne, il n'y a pas de classe d'accueil avec intégration ! En France, l'intégration se poursuit en théorie, bien que d'immenses difficultés subsistent. Indépendamment de la conception qu'on peut en avoir, elle restera totalement illusoire tant que du personnel permanent, formé et en nombre suffisant n'y sera pas spécialement affecté. Ceux qui ne veulent pas accueillir d'enfants handicapés dans leur classe sont rarissimes mais, par manque de formation et de soutien, les enseignants n'ont aucun moyen de s'en occuper sans que ce soit au détriment des autres enfants. L'insistance des parents à inscrire leur enfant handicapé à l'école est largement conditionnée par la quasi-absence de structures spécifiques. Certains enfants handicapés ont la chance de fréquenter l'école dans de bonnes conditions puis d'être intégrés dans des structures adaptées ou l'inverse. La diversité sied à tous les enfants à différents moments de leur vie. Pour les enfants handicapés, le choix est un luxe.

Georg Feuser, chercheur allemand à l'initiative des premières classes d'intégration à Brême, dit que « la mission de l'école serait de contribuer, par la vie et par l'apprentissage en commun des enfants, à la création d'une société capable d'intégration, dans laquelle aucun être humain ne serait exclu, ni traité autrement parce qu'une caractéristique de sa personnalité s'écarte de la norme ».

Nous en sommes loin mais on peut rêver.

L'enfant caméléon

À l'issue de son troisième procès d'assises, Patrick Dils a été innocenté au bénéfice du doute. Il est sorti de prison au bout de quinze ans pour un double crime qu'il n'a pas commis, à l'âge de seize ans. Ses aveux, à la police, au juge d'instruction et même à sa mère dans des conditions que le procès a révélées, ont pesé très lourd contre lui car, en France, l'aveu reste la meilleure des preuves.

Son cas m'a fait penser aux enfants que j'appelle les « enfants caméléons ».

On dit souvent que les enfants sont manipulables au sens où l'on emploie ce terme entre adultes : il s'agit par le chantage, la menace ou la pression psychologique de faire dire ou de faire faire à quelqu'un quelque chose qu'il n'approuve pas dans un but qui va contre ses intérêts. Or chantage, menace et pression psychologique sont des situations extrêmes. En revanche, les enfants, dès leur plus jeune âge, sont capables de percevoir ce que l'autre attend d'eux et de s'y conformer, même au mépris de leurs propres sensations, pour ne pas risquer de n'être plus aimé.

Voyez comment on apprend aux enfants à dire bonjour ou merci. La plupart finissent par se soumettre, pas du tout parce qu'ils ont l'intention de dire bonjour ou merci, mais comme prix à payer pour leur socialisation. Ça prend parfois un temps fou, le temps nécessaire pour surmonter le conflit que suscite cette demande pour se conformer aux usages et ne pas se faire gronder. À ce propos, je me demande toujours pourquoi les enfants disent si facilement au revoir, en faisant le geste de la main avant de savoir parler, et si difficilement bonjour. Je crois que c'est parce qu'ils sont très sensibles à la question de la vérité et du mensonge. Dire bonjour ne sert apparemment à rien et il y a quantité de personnes à qui ils n'ont aucune envie de souhaiter un « bon jour ». « Au revoir », c'est tout différent : quand on l'a dit, on s'en va. Dire au revoir précède l'action de partir ; c'est sans ambiguïté.

Voici un autre exemple où l'enfant pressent ce qu'on attend de lui sans la moindre manœuvre : on lui cache la mort d'un proche soi-disant pour le protéger alors que ce sont les adultes qui sont incapables de supporter la situation. Pourquoi l'enfant croit-il l'adulte alors qu'il a, en général, toutes les pièces du puzzle sauf la parole de l'adulte ? Du fait de sa dépendance physique et affective à l'adulte, il est sur le moment plus important pour lui que les adultes croient qu'il les croie. Les problèmes viendront plus tard.

J'ai rencontré mon premier enfant caméléon au cours d'une expertise psychiatrique. Il s'agissait d'une fillette qui, en peu de temps, avait successivement perdu sa mère puis son père. Avant de mourir, son père avait eu le temps de se remarier et d'avoir un autre enfant. La question posée par le juge était de savoir à qui cette fillette devait être confiée. Elle était réclamée par ses grands-parents paternels, ses grands-parents maternels et sa belle-mère, la veuve de son père. Tous avaient d'excellentes raisons de vouloir l'accueillir. Tous allaient en justice pour faire valoir leur point de vue car ils étaient incapables de s'entendre. Pourquoi ? Parce que cette adorable petite fille affirmait à chacun avec conviction qu'elle voulait vivre avec elle, ou lui, et personne d'autre ! L'enfant, très séduisante et très séductrice, m'a confirmé que tout cela était vrai. Pas question de se fâcher avec qui que ce soit, chaque membre de la famille rivalisant pour qu'elle le désigne comme le « préféré », ce qu'elle faisait.

L'enfant caméléon se conforme à ce qu'il croit être le désir de l'autre mais de façon inconsciente : il est incapable de dire pourquoi il le fait. Chaque adulte ayant un lien affectif fort peut lui faire dire ce qu'il souhaite entendre en se défendant d'exercer la moindre pression décelable. L'enfant sait intuitivement que, s'il dit autre chose, il va y perdre.

Alors pourquoi ne pas essayer de tout garder en plaçant d'ailleurs la famille dans l'obligation d'avoir recours à un tiers – la justice –, rejetant sur l'enfant la responsabilité d'un choix qu'elle n'avait pas à faire ?

On rencontre des enfants caméléons dans bien d'autres circonstances, notamment dans les divorces conflictuels quand l'enfant accuse le père de conduite incestueuse. Les pédopsychiatres et les juges des affaires familiales connaissent bien ces situations inextricables. Quand le père est dédouané, la mère est accusée d'avoir manipulé l'enfant. Or ce n'est pas toujours vrai. Les conflits qui préexistaient entre les parents se déplacent sur l'enfant : il dit ce qu'il croit qu'on attend de lui, il est le centre du monde ; ses paroles vont avoir des conséquences, même s'il est loin d'en mesurer la portée. Surtout, il est incapable de dire pourquoi il le fait.

Avec ces enfants, le travail du psychanalyste est toujours assez difficile. D'abord parce qu'ils se présentent comme particulièrement normaux et se comportent avec le psychanalyste comme avec les autres adultes : ils cherchent à lui faire plaisir sans savoir dire pourquoi. Il y a certainement une différence de structure psychique entre ceux qui croient ce qu'ils disent et ceux qui savent qu'ils mentent. Les seconds s'en sortiront plus facilement s'ils arrivent à comprendre pourquoi ils mentent et acceptent de renoncer aux bénéfices qu'ils en tirent. Ce n'est pas toujours facile car, en mentant, ils exercent un pouvoir. Certains adultes s'y soumettent lorsqu'ils acceptent que toutes les paroles de l'enfant soient prises pour argent comptant.

Il faut aussi savoir qu'un mensonge peut en cacher un autre. Il semble que Patrick Dils, pour en revenir à lui, a trouvé inconsciemment plus économique d'avouer le meurtre de deux enfants – croyant peut-être qu'on ne le croirait pas tant c'était énorme – que d'avouer ce que sa mère et lui avaient omis de dire aux enquêteurs : à l'heure du crime, il était allé fouiller dans la benne à ordures pour y chercher des timbres. Il avait peur, a-t-il déclaré, d'être traité de « fouille-poubelle ».

Rire et créer à l'hôpital

Il y a des enfants qui ont un cancer et qui ont de la chance. Pas d'avoir un cancer bien sûr, ni d'être hospitalisés. Mais parce qu'ils vont rencontrer les clowns de l'association Le Rire médecin, ou le professeur Christine Géricot qui a créé l'atelier d'arts plastiques à l'Institut Gustave Roussy.

Caroline Simonds[1] et Christine Géricot[2] ont publié chacune des livres fort différents mais leur travail respectif a plus de points communs que de dissemblances.

Le Rire médecin, raconte ce que Caroline, alias docteur Girafe, et ses acolytes font dans un service à haut risque. Il ne s'agit pas d'un traditionnel spectacle de fin d'année pour des enfants qui n'auraient pas la chance de pouvoir retourner chez eux au moment des fêtes. Un couple de clowns vient à l'hôpital toute l'année, plusieurs fois par

---

1. Caroline Simonds et Bernie Warren, *Le Rire médecin, Journal du docteur Girafe,* Albin Michel, 2001.

2. Christine Géricot et Judith Perrignon, *La Porte bleue, Autoportraits d'enfants atteints de cancer,* Institut Gustave Roussy, Les Arènes, 2002.

semaine. Ils font partie intégrante de l'équipe soignante et travaillent à améliorer le bien-être de l'enfant et sa qualité de vie. Est-ce un luxe ? Je ne le crois pas.

Quand on connaît un peu Caroline Simonds, ce qui est mon cas, on n'est pas surpris que sa séduction et sa force de conviction aient pu soulever des montagnes pour s'introduire dans un milieu qui, à juste titre, est sûr de ses compétences mais a toujours un peu de mal à déléguer la moindre de ses prérogatives. Est-ce bien la fonction des soignants de distraire les enfants ? On peut en douter ; de là à accepter que d'autres s'en chargent... C'est le pari que Caroline Simonds a gagné.

L'incroyable professionnalisme de ces clowns est surprenant. Toutes les personnes qui, de près ou de loin, ont des contacts avec les enfants pourraient en tirer profit. Car il ne suffit pas d'aimer les enfants pour exercer correctement un métier auprès d'eux : les motivations généreuses qu'on croit avoir ont un envers souvent complexe et peu généreux ; ce qui n'est pas grave à condition que les enfants n'en fassent pas les frais.

Souhaitant être élogieuse à l'égard de Caroline Simonds, je ne dirai pas qu'elle aime les enfants. En revanche, elle aime son métier, et elle est extrêmement talentueuse, sachant jouer aussi bien avec les mots qu'avec son corps ou tout simplement jouer, qualité rare chez les adultes. Elle ne joue pas pour, mais avec les enfants : le tact, le respect et l'empathie qu'elle leur manifeste ne se traduisent pas par de la retenue, bien au contraire. Elle sait que parfois il faut s'imposer. C'est bien plus difficile que de s'effacer. Probablement est-ce parce qu'elle est attentive à ses propres émotions, qui deviennent alors un instrument de travail.

L'admiration que je voue à Caroline Simonds tient aussi au fait qu'elle me renvoie à mes propres interrogations concernant mon métier de psychanalyste. J'admire chez Caroline ce à quoi j'aspire : me servir positivement de mes limites plutôt que de m'en plaindre ou de m'en cacher ; et reconnaître que le respect dû à l'enfant impose, lui, d'autres limites.

Le travail de Christine Géricot paraît très différent. À l'entrée de son atelier d'arts plastiques, dans un service de cancérologie pour enfants, on peut lire : « L'atelier d'arts plastiques est un lieu de création qui nécessite calme et concentration. Ce n'est ni une salle de jeux ni un lieu de rendez-vous. Nous vous demandons de respecter cet endroit et le travail des enfants. »

Ici, les enfants sont des créateurs et non des tumeurs. Comme Caroline Simonds, Christine Géricot consulte les infirmières et sait choisir ceux qu'il faut laisser dans leur lit et ceux qu'il faut stimuler. N'est-il pas fort inquiétant que les adultes ne viennent plus vous encourager lorsqu'on est atteint d'une grave maladie ? Mais il faut aussi subtilement prendre en compte le fait que, si les enfants ne peuvent échapper aux traitements, ils peuvent choisir de venir ou non à l'atelier.

En posant un miroir sur la table de l'atelier, Christine Géricot invite les enfants à l'autoportrait. C'est bien une idée d'artiste d'affronter son image abîmée dans le miroir et de créer une image qui vient de l'intérieur, plus vraie que l'apparence qu'on donne.

Le livre qui reproduit les autoportraits de ces enfants était nécessaire car il indique le statut de ces représentations : ce ne sont pas des dessins d'enfants malades, ce sont des œuvres d'art. Il ne s'agit pas d'art-thérapie mais de sublimation.

Les enfants

Les clowns du Rire médecin ou l'atelier d'arts plastiques nous montrent que les atteintes corporelles, aussi graves soient-elles, n'entament pas le désir, comme on le croit souvent, ni même l'image du corps. Encore faut-il qu'un autre ait l'art et la manière de s'y intéresser.

« Tout le monde ne peut pas être orphelin »

Quand Jules Renard publie *Poil de carotte*[1] en 1893, on maltraite les enfants en toute bonne conscience, puisque c'est pour leur bien. Toute la clinique de la maltraitance est là, y compris les voies de sortie qu'on appelle aujourd'hui « résilience ». Mais *Poil de carotte* – trop et trop mal connu – n'est pas un cas clinique, c'est un chef-d'œuvre : dans sa simplicité, il atteint l'universel ; un enfant de huit ans peut le lire et un universitaire l'étudier ; le sujet est poignant, et le pathos absent.

Poil de carotte est le dernier-né, après un frère, Félix, et une sœur, Ernestine. Il se distingue dans sa famille par un trait physique qui n'appartient qu'à lui : ses cheveux roux qui le prédestinent (comme tous ceux qui sont « différents » peut-être) à devenir le bouc émissaire de sa famille.

Des historiettes de la vie courante racontent le sadisme ordinaire d'une mère : elle l'envoie par exemple fermer la porte du poulailler alors qu'il a peur, le complimente sur son courage supposé, ce qui l'enhardit, puis

1. Jules Renard, *Poil de carotte,* Folio Junior, n° 466.

menace de le gifler. Lorsqu'il revient chercher un compliment pour avoir surmonté ses peurs, elle n'a que ces mots peu rassurants : « Poil de carotte, tu iras la fermer tous les soirs. »

La projection du sadisme des parents sur cet enfant est évidente : lorsqu'ils lui imposent de tuer des perdrix, ce que personne ne veut faire, il entend : « Ne fais donc pas ta sensitive, en dedans tu savoures ta joie. »

Très rapidement, Poil de carotte met en place des moyens de défense à sa mesure. « Autrefois il s'exposait, aujourd'hui il triche. » Plus subtilement, lorsqu'il dort avec sa mère, alors que le père est dans un autre lit, « il ronfle. C'est comme une passion ». Passion qui lui vaudra griffures et coups de pied de sa mère, mais qui a le mérite d'éviter qu'elle ne profite autrement de son corps. Un enfant contraint à la promiscuité sait comment mettre des distances : ronflement, pipi au lit, agitation extrême, etc.

Mme Lepic n'aimerait-elle pas son fils ? Bien au contraire. C'est au nom de l'Amour qu'elle l'aime puisqu'il est comme elle – ce sont ses mots. Au titre de cette similitude, « on lui impose ses goûts et ses dégoûts. En principe, il doit aimer seulement ce qu'aime sa mère ». Sous le masque de l'amour, la haine inavouée qu'un enfant peut susciter chez sa mère est parfois le signe de la haine qu'elle se voue à elle-même.

Comment réagit un enfant à son entourage, dès son plus jeune âge ? En trouvant du sens à ce qui lui arrive. Comment réagit un enfant maltraité ? En se remettant lui-même en question jusqu'à considérer qu'il a mérité les châtiments qu'on lui inflige, plutôt que de mettre en question ses parents, au risque – croit-il – de perdre leur amour. À la nouvelle bonne, Poil de carotte tient ce discours : « D'ailleurs personne ne vous semblera bien méchant. Interrogez nos amis : ils vous jureront tous que ma sœur Ernestine a une douceur angélique, mon frère Félix un cœur d'or, M. Lepic l'esprit droit, le jugement sûr, et Mme Lepic un rare talent de cordon-bleu. » C'est la seule qualité qu'il lui trouve ! Et il poursuit : « C'est peut-être à moi que vous trouverez le plus difficile caractère de la famille. Au fond j'en vaux un autre. Il suffit de savoir me prendre. Du reste, je me raisonne, je me corrige : sans fausse modestie, je m'améliore... »

Poil de carotte au fond d'un placard, deux doigts dans la bouche, un dans le nez, pris dans un conflit de loyauté dans lequel tant d'enfants se débattent, aura cette pensée devenue célèbre : « Tout le monde ne peut pas être orphelin. »

Il veut aller se promener avec son père. Sa mère le lui interdit sans raison et le menace. Il calcule que son père le battra moins que sa mère. Son père, qui « chérit Poil de carotte, mais ne s'en occupe jamais », lui propose de l'emmener. Poil de carotte refuse pour plaire à sa mère. Le père explose. La mère renverse perversement la situation : « Pauvre chéri ! *Cajoleuse, elle lui passe la main dans les cheveux et les tire.* Le voilà tout en larmes parce que son père... *Elle regarde en dessous M. Lepic...* voudrait l'emmener malgré lui. Ce n'est pas ta mère qui te tourmenterait avec cette cruauté. *Les Lepic, père et mère, se tournent le dos.* »

À aucun moment Poil de carotte ne tire de plaisir des coups qu'il reçoit, même s'il va parfois les chercher puisque c'est la seule façon d'attirer l'attention de ses parents : le masochisme n'est pas son fort. Il attend le moment de prendre le risque calculé de se révolter. Ce qu'il ne manque pas de faire dans une scène d'une remarquable sobriété : un jour, Poil de carotte refuse tout simplement à sa mère d'aller chercher une livre de beurre au moulin. Pourquoi ? Pour rien. Simplement, il refuse avec autorité d'obéir à sa mère : « Poil de carotte se tient au milieu de la cour, à distance, surpris de s'affermir face au danger, et plus étonné que Mme Lepic oublie de le battre. L'instant est si grave qu'elle perd ses moyens. Elle renonce à ses gestes habituels d'intimidation, au regard aigu et brûlant comme une pointe rouge. Toutefois, malgré ses efforts, les lèvres se décollent à la pression d'une rage intérieure qui s'échappe avec un sifflement. »

Conclusion admirable de Mme Lepic : « Puisque c'est la fin du monde renversé, dit Mme Lepic atterrée, je ne m'en mêle plus. Je me retire. Qu'un autre prenne la parole et se charge de dompter la bête féroce. Je laisse en présence le fils et le père. Qu'ils se débrouillent. » Enfin !

Ayant le dessus, Poil de carotte saura annoncer à son père avec une lucidité exemplaire : « Je n'aime plus maman, quel sort ne serait préférable au mien ? J'ai une mère. Cette mère ne m'aime pas et je ne l'aime pas. »

Tel est le dilemme de l'enfant maltraité : le mensonge de l'amour ou la vérité sans amour.

Réponse non moins admirable du père : « Et moi, crois-tu donc que je l'aime ? »

Aux enfants sans parents et à eux seuls, on peut affirmer qu'ils sont des enfants de l'amour, disait Françoise Dolto en écho à Jules Renard.

Les jolies colonies de vacances

Vous êtes déjà partis en colonie de vacances ? Moi si. J'en garde des souvenirs épouvantables et des souvenirs exquis, au sens où, en chirurgie, on parle de douleur « exquise » pour décrire l'atroce souffrance provoquée par une fracture osseuse.

Jamais au grand jamais je n'en ai parlé, ni sur le moment pour m'en plaindre, ni ensuite, ni même en analyse. N'ayant pas le talent de Pierre Perret, j'ai sûrement envoyé des lettres du style « pour pas que vous vous fassiez de mouron » : « Il fait beau, tout va bien, je m'amuse beaucoup, je vous embrasse. »

Je m'en suis plutôt bien remise, mais il me semble mieux comprendre rétrospectivement pourquoi aucun de mes enfants, malgré mes manœuvres de séduction ou d'intimidation, n'a jamais accepté de partir en colo ou en est revenu au bout de deux jours.

Vous me direz : « Pourquoi avoir voulu y envoyer vos enfants si vous en aviez de si mauvais souvenirs ? » Je n'ose croire que ce soit par vengeance. Au contraire : n'ayant jamais critiqué mes parents de m'y avoir envoyée, je n'ai jamais pu reconnaître que j'y avais souffert.

Aujourd'hui, des parents inquiets viennent me consulter pour savoir s'ils doivent envoyer leurs enfants en colonie de vacances, pensant – à tort ou à raison – qu'un spécialiste de l'enfance pourra leur donner une réponse valable.

Ce ne sont pas des consultations très difficiles car la plupart des parents veulent s'entendre confirmer ce qu'ils pensent déjà, quoi qu'ils pensent. On entend autant d'arguments pour envoyer les enfants en colo que pour ne pas les y envoyer. Les premiers concernés, les enfants, ont moins leur mot à dire qu'on le croit ou qu'on pourrait le souhaiter.

Cela m'a amenée à réfléchir sur l'inquiétude des parents devant les séparations « normales » de la vie.

La plupart des parents, sinon tous, sont amenés à déléguer à d'autres une partie de leurs prérogatives concernant le maternage, l'éducation, l'enseignement ou les loisirs. C'est le cas lorsqu'un nourrisson part à la crèche ou en vacances chez ses grands-parents. C'est aussi le cas à l'entrée à l'école, au centre de loisirs, au conservatoire ou en colonie de vacances. Ne parlons pas des adolescents qui commencent à « sortir » sans toujours dire où ils sont, ni quand ils rentreront, n'étant confiés à personne d'autre qu'à eux-mêmes.

Je crois n'avoir jamais rencontré de parents qui n'aient pas connu l'inquiétude de confier son enfant à l'extérieur et qui ne soient rassurés de le retrouver bien vivant. La plupart des jeunes ne se battent pas pour avoir un portable ; ce sont leurs parents qui le leur offrent dans le but, avoué ou non, de les avoir à l'œil – ou tout au moins à l'oreille...

Cela peut paraître surprenant quand on sait que la

très grande majorité des accidents surviennent justement en présence des parents. Ce n'est pas à la crèche que les enfants avalent de l'eau de Javel ou des médicaments mais à la maison ; c'est aussi à la maison qu'ils tombent de la table à langer ou se coincent les doigts dans une porte. Les accidents de la voie publique se passent souvent devant les parents et les événements les plus graves comme les attentats à la pudeur et les actes de pédophilie surviennent aussi majoritairement en famille. Des accidents se produisent aussi dans les lieux collectifs mais, somme toute, ils sont plutôt rares. Alors ?

En guise d'explication, je propose une hypothèse. Il est difficile et même parfois douloureux de reconnaître que l'on a des sentiments ambivalents vis-à-vis de ses enfants. Dans les contes de fées, la personne qui veut du bien n'est pas la même que celle qui veut du mal à l'enfant. Il y a la gentille marraine et la fée Carabosse, et c'est bien plus pratique. Car, dans la vie, la fée Carabosse qui sommeille en chaque parent est, en principe, puissamment refoulée. Elle se révèle parfois lors des accidents auxquels les parents exposent inconsciemment leurs enfants et qui les culpabilisent à mort une fois l'accident arrivé.

Lorsqu'un enfant est confié à une tierce personne, les parents projettent à l'extérieur et sans en avoir conscience leurs sentiments négatifs en les attribuant aux adultes à qui les enfants sont confiés. De là naît leur inquiétude.

Peut-on s'en défaire totalement ? Probablement pas car ce serait une fois de plus nier l'ambivalence. Mais, après tout, vous n'avez pas que des sentiments négatifs, vous les aimez quand même un peu vos enfants ?

Si vous admettez que l'amour implique le partage, ne pouvez-vous penser que d'autres puissent leur assurer, en votre absence, un confort physique et psychique ? Évidemment moins parfait que si vous étiez là... Vous découvrirez peut-être, et votre enfant aussi, qu'il est parfois préférable de ne pas être tout l'un pour l'autre.

En réfléchissant bien, mes vacances en colonie n'étaient pas si horribles que ça !

L'école, mode d'emploi

Vers dix-douze ans, est-ce que j'aurais aimé lire *Comment survivre à l'école*[1] ? Je crois que oui. J'hésite un peu car j'ai du mal à me souvenir de ce que je pensais à cette époque. En revanche, il y a des situations dont je me souviens fort bien : je n'arrive pas à me mettre à mes devoirs ; j'ai trafiqué mon carnet de notes ; y a un prof qui ne peut pas me voir ; on m'a volé mon sac ; j'ai copié et je me suis fait prendre ; j'ai monté un bobard et je n'arrive plus à m'en sortir ; ou encore : je n'arrête pas de parler en classe.

D'autres sujets n'auraient pas concerné la petite fille en apparence très sage que j'étais : je m'ennuie en classe ; je redouble ; j'ai pas le moral ; j'ai continuellement mes parents sur le dos ; je panique aux contrôles ou j'ai pas de copains. Enfin, à l'époque, on ne parlait pas de racket, de hasch ou d'agression dans les couloirs...

Roland Beller, pédopsychiatre et psychanalyste, et Bernadette Costa-Prades, journaliste, abordent cinquante-

1. Roland Beller et Bernadette Costa-Prades, *Comment survivre à l'école*, Albin Michel Jeunesse, 2002.

deux situations à problème (une par semaine) qu'ils ont manifestement testées sur leurs propres enfants. On ne dira jamais assez la contribution des enfants de psychanalystes aux ouvrages de leurs parents, de Melanie Klein à Françoise Dolto !

Leurs réponses sont pleines de bon sens – ce qui n'est pas la chose du monde la mieux partagée par les parents dont les enfants ont un souci. Les auteurs n'hésitent pas, et ils ont raison, à distinguer le bien du mal en le justifiant si nécessaire. Mais ils dépassent aussi, chaque fois que possible, le simple bon sens en renvoyant l'enfant à un questionnement sur lui-même.

Exemple : « J'ai pas de copains. » Une simple question permet une appréciation réaliste de la situation dégageant l'enfant de la plainte : « Depuis un jour, depuis toujours ? » Peut-être y a-t-il une cause extérieure, ce qui est toujours rassurant, sur le moment : « Après tout, peut-être que cette année il n'y a personne qui mérite d'être ton ami. » Puis vient le questionnement personnel : « Si tu as vraiment du mal à te faire des amis, si tu en es malheureux, c'est qu'il y a sans doute quelque chose chez toi que tu ne contrôles pas et qui éloigne les autres. Et si tu en demandais trop ? »

Vous remarquerez que cela vaut autant pour les adultes que nous croyons être devenus, car les problèmes de la vie scolaire sont facilement transposables à la vie professionnelle : jalousie, exclusion, peur de mal faire, peur des moqueries vécues comme des humiliations.

Nous avons tous en tête un livre ou un film qui nous a marqués pour la vie : l'histoire décrit une situation similaire à la nôtre alors que nous pensions être seuls au monde, mais elle n'est pas la nôtre. D'où l'efficacité que pourrait avoir la lecture de *Comment survivre à l'école* bien qu'il ne s'agisse pas de littérature.

Mais il y a des enfants, dont je crois que j'aurais fait partie, qui n'aiment pas que leurs problèmes soient aussi directement exposés, car ils se sentent percés à jour. Ils préfèrent ne pas parler de leurs soucis, comme il est conseillé de le faire, quitte à en souffrir seuls. Si j'avais lu *Comment survivre à l'école*, je n'aurais peut-être pas eu besoin d'aller voir un psychanalyste plus tard. J'en doute un peu, mais qui sait ?

Anorexie et boulimie

Il est tentant de considérer l'anorexie et la boulimie comme l'envers et l'endroit d'une même médaille : l'anorexique serait celle qui mangerait trop peu et la boulimique celle qui mangerait trop. D'autant que les anorexiques présentent des crises de boulimie, et les boulimiques des phases d'anorexie relative. Mais s'en tenir à ces apparences est bien trop réducteur, pour l'une comme pour l'autre.

L'anorexie mentale de la jeune fille reste énigmatique d'abord à titre individuel : la volonté d'autosuffisance (« Je sais ce qui est bon pour moi, je n'ai besoin de personne »), de maîtrise totale sur le corps, le déni farouche et raisonnant du mal-être (« Je vais parfaitement bien, c'est vous qui vous inquiétez pour rien ») forcent tantôt une certaine forme d'admiration voire d'envie, tantôt l'incompréhension voire un rejet qui peut aller jusqu'au dégoût, même chez les professionnels.

À titre familial, l'anorexie survient souvent dans des familles extérieurement unies, conformes en apparence à nos normes sociales. Le comportement énigmatique de la jeune fille remet radicalement en question la cellule familiale, surtout la mère en tant que modèle de féminité. Quelle qu'elle soit – il n'y a pas de mère d'anorexique type –, l'anorexique ne veut pas devenir comme elle ; mais au lieu de se révolter en paroles, ce qui est une forme de reconnaissance, tout son corps exprime ce refus en ne grandissant plus, en ne se féminisant pas comme il le devrait. Mais aucun membre de l'entourage n'est épargné, pas même les frères et sœurs, surtout quand l'anorexie est le révélateur d'une situation incestueuse, comme il arrive parfois.

À titre collectif, l'anorexie est une conduite de famine dans une société d'abondance qui idéalise la jeunesse et la minceur, toutes classes sociales confondues. Les phénomènes de mode sont régulièrement invoqués pour tenter d'expliquer pourquoi les filles se mettent de plus en plus tôt et de plus en plus nombreuses « au régime ». Mais la première description clinique de l'anorexie mentale date de 1873, époque où l'idéal de féminité n'était pas la maigreur – bien au contraire. La volonté de minceur n'est qu'un prétexte pour l'anorexique, alors qu'il est une fin pour les autres.

L'anorexie mentale est-elle une maladie ? Je ne le crois pas, même si le recours aux médecins est souvent nécessaire à un moment ou à un autre. L'anorexie mentale est une façon d'être au monde, très particulière, très excessive et parfois très dangereuse. Elle est aussi le mode d'expression violent d'un refus mais aussi d'un idéal auquel on n'est pas obligé d'adhérer, mais dont on peut reconnaître la valeur.

Je connais moins bien professionnellement les boulimiques mais il me semble que leur situation est différente. D'abord, la boulimie n'est pas spécifique à l'adolescence. Elle peut survenir même chez le nourrisson. Alors, la nourriture comme « matière » possède des qualités d'apaisement et de satisfaction transitoires mais intenses. Qui n'a été, dans son enfance, consolé par une sucrerie alors que des paroles ou un geste de compréhension auraient suffi ? À qui n'a-t-on pas fait prendre un bon sirop bien sucré pour dormir, afin que les parents puissent être tranquilles ? Cela ne serait pas si grave si le fait de manger pour apaiser une faim de paroles et non une faim de nourriture ne devenait très rapidement une source de culpabilité consciente et inconsciente inépuisable.

Quand on se sent coupable alors qu'on n'a rien fait de mal, on souffre de culpabilité inconsciente. Celle-ci provient – croit-on savoir – d'une expérience traumatique que l'on peut subir à tout âge et à laquelle on n'échappe généralement pas. Il peut s'agir, par exemple, d'un ordre (« Fais ceci immédiatement »), d'un interdit (« Ne fais surtout pas ça ! ») proférés sur un *ton* déclenchant la peur voire la terreur. Sous l'effet de la peur, l'enfant ne sait même plus ce qu'on lui a dit. Mais, pour plaire à ses parents, il agit comme il peut, en se conformant à un ordre qu'il n'a pas compris. Cela entraîne une tension parce que, dans ces conditions, on n'est pas forcément d'accord avec ce qu'on fait. Pour être allégée, cette tension exige une douleur obtenue par une punition provoquée ou par autopunition. Mais cette punition (interne ou externe) ne remplit son rôle d'allègement que très momentanément. La culpabilité inconsciente vis-à-vis d'une faute imaginaire reprend le dessus, la tension se rétablit et appelle une autre punition.

Il semble que les médecins s'occupant de la boulimie se soient enfin aperçus de ce lien ténu avec la culpabilité. D'où l'idée fort ingénieuse de supprimer les régimes ou plus exactement le mot « régime » et de le remplacer par une alimentation dite « saine et équilibrée ». La rechute est qualifiée avec un humour involontaire d'« enrichissement » à condition d'en parler et qu'elle soit suivie d'un « rattrapage » rapide.

Comme ce serait simple si les êtres humains n'avaient pas d'inconscient ! Pas d'inconscient, pas de culpabilité, et le tour est joué.

Les troubles du comportement alimentaire mettent tous les médecins plus ou moins en échec quand leur action est évaluée à long terme.

Dans l'anorexie mentale, quels que soient les traitements proposés, il y a cinquante pour cent de succès et cinquante pour cent d'échecs. Pour autant, toutes les méthodes ne se valent pas. Certaines ont pour visée de « briser » l'anorexique – il me paraît remarquable que cinquante pour cent d'entre elles ne se laissent pas briser. D'autres approches tentent de permettre à ces jeunes filles de donner un sens à leurs symptômes, tout en évitant de mettre leur vie réellement en danger. Mais il est difficile de dire quelle est la « bonne » méthode. Cela dépend de la jeune fille elle-même, de son entourage, du contexte social et médical dans lequel elle se trouve. Les psychanalystes rencontrent aussi des femmes plus âgées ayant résolu seules ce grave problème qui les a touchées à l'adolescence. Se passer de médecins n'est pas un idéal en soi. Rompre la souffrance et l'isolement en se confiant et en se faisant aider n'est pas une preuve d'absence de courage, bien au contraire.

Dans le cas de la boulimie, les médecins disent qu'ils ont quatre-vingts pour cent d'échecs à long terme ! Ce qui ne doit nullement vous désespérer si vous avez ce problème. D'abord, vous n'êtes pas une statistique mais un être humain, et je pense sincèrement qu'il y a mille manières de trouver une solution qui vous convienne, à vous, pour vous réconcilier avec vous-même.

Ginette Raimbault et Caroline Eliacheff, *Les Indomptables, Figures de l'anorexie*, Odile Jacob, 1989.

Les enfants du divorce

« Les parents divorcent, les enfants trinquent ! » disait-on quand le divorce était considéré comme la principale menace pesant sur les enfants. Est-ce la réalité ou le discours qui a changé ?

Quand j'ai commencé à exercer, il y a plus de vingt-cinq ans, on nous enseignait, à juste titre, que devant tout trouble pour lequel l'enfant venait consulter, il fallait s'enquérir de la situation familiale. Si les parents avaient divorcé ou étaient en train de divorcer, le diagnostic était trouvé : c'était la faute au divorce. Aujourd'hui, un couple sur trois divorce, un sur deux dans les grandes villes. Cela ne dit pas combien d'enfants sont concernés, puisque certains couples divorcent avant d'avoir eu des enfants et qu'on ne comptabilise pas les concubins avec enfants qui se séparent. Il n'en reste pas moins que ça fait du monde. Je n'ai pas d'étude statistique à proposer, mais des impressions cliniques qui n'ont pas la prétention d'être généralisables.

D'abord, les conditions de la consultation sont différentes : les enfants de parents divorcés ou divorçants nous étaient majoritairement adressés par les enseignants.

Sensibilisés aux conséquences néfastes du divorce, ils saisissaient la moindre occasion (qui n'était pas forcément mineure) pour engager les parents à venir consulter. Aujourd'hui, les professionnels de l'enfance sont mobilisés par les carences éducatives supposées des parents, et le divorce est devenu le cadet de leur souci. Il faut croire que sa fréquence a eu pour effet de banaliser ses conséquences éventuelles.

En cas de divorce, les parents viennent consulter d'eux-mêmes, parfois même avant de se séparer – pour en prévenir les effets, disent-ils. Preuve qu'ils n'ont pas évacué le discours sur la souffrance des enfants.

Selon l'état de leurs relations, ils viennent séparément ou ensemble. S'ils ne sont pas encore séparés, leur but explicite est de « réussir leur divorce », alors même qu'ils sont en train de prendre acte de l'échec de leur couple. Les enfants n'ont encore rien manifesté de particulier dans la majorité des cas. Les parents, eux, souffrent de la souffrance qu'ils vont infliger à leurs enfants et qu'ils voudraient leur éviter. Est-ce possible ? La réponse est *non*. Peut-on néanmoins aider ces enfants ? La réponse est *oui*, et les parents sont les mieux placés pour le faire. Comment ? Il n'y a pas de recette. La preuve en est que les parents qui disent « réussir leur divorce » en essayant de s'entendre à propos des enfants peuvent devenir une source de questions angoissantes : puisqu'ils s'entendent si bien, pourquoi se séparent-ils ? Ces parents ont parfaitement intégré qu'on ne dit pas du mal de l'autre à l'enfant, mais ils s'empêchent aussi radicalement d'évoquer les raisons de leur conflit, sauf pour dire à l'enfant qu'il n'y est pour rien. Or les enfants n'apprécient pas forcément de n'être pour rien dans quelque chose de si important qui concerne leurs parents.

À l'autre extrême, il existe des divorces extrêmement conflictuels. Là, les enfants n'y sont pas pour rien, car ils sont pris dans des conflits de loyauté qui, dans leur diversité, ont une caractéristique commune : l'enfant n'est plus à sa place. Confident ou complice, espion à la solde de l'un ou de l'autre, manipulé, disent certains.

Petite parenthèse à propos de la manipulation si souvent invoquée par l'un ou l'autre parent. L'exemple le plus courant est le suivant : l'enfant ne veut pas se rendre chez l'un des parents qui accuse l'autre de manipuler l'enfant. Parfois, c'est grossièrement vrai, mais rarement. Quand la répartition des gardes a été fixée par le juge des affaires familiales, sauf cas exceptionnels, les parents s'y soumettent, du moins en apparence. Il n'est pas nécessaire de manipuler explicitement un enfant pour qu'il dise qu'il ne veut pas aller chez l'autre parent. Quand il est avec l'un, il veut a priori satisfaire ce qu'il pressent être son désir, même au prix de renoncer à son plaisir à lui. Le problème est que satisfaire le désir de l'un entraîne du déplaisir chez l'autre. Souvent, le parent gardien principal se soumet à la loi mais, au fond, n'accepte pas du tout le partage et la reconnaissance de l'autre que cela implique. Fin de la parenthèse.

Ce qui a le plus changé, c'est la perte de la toute-puissance des mères au bénéfice des pères. Avant, elles se plaignaient, souvent à juste titre, de ce que les pères abandonnaient leurs prérogatives et leurs devoirs. Les statistiques disaient qu'un enfant sur trois ne voyait plus ou peu son père après le divorce. On peut dire aussi que deux enfants sur trois continuaient de voir leur père. Mais comme il s'agissait de stigmatiser les pères démissionnaires, c'est toujours la première version qu'on entendait. Aujourd'hui, je ne sais pas ce que disent les statistiques. Nous sommes passés par une période que les juges des affaires familiales connaissent bien : certaines femmes – et elles ont été assez nombreuses – ont profité de la vogue de la maltraitance et surtout de la pédophilie pour dénoncer abusivement les pères dont elles voulaient se débarrasser. Devant la croissance exponentielle des pères divorcés accusés de pédophilie, les professionnels se sont interrogés. Ces mères abusives savent maintenant que les juges savent, et cette arme très destructrice est, me semble-t-il, de moins en moins utilisée à mauvais escient. Aujourd'hui, des hommes ou des femmes qui essaient de se débarrasser abusivement de l'autre parent trouvent de moins en moins de soutien auprès de la justice qui favorise le partage effectif de l'autorité parentale. L'idée qu'un enfant a besoin de ses deux parents est largement passée.

C'est quand un parent essaie d'exclure l'autre, de façon explicite ou pas, que les symptômes que présentent les enfants sont exploités, notamment les maladies physiques qui se déclarent au moment où l'enfant doit partir chez l'autre parent. Est-ce que j'irai jusqu'à dire que vouloir écarter un peu, beaucoup, passionnément un parent est une forme de maltraitance ? Oui, si c'est nécessaire pour me faire entendre.

Dans une séparation, quelles que soient ses circonstances, il y a une souffrance que l'on ne peut éviter : celle de voir ses parents séparés. Aucun enfant n'échappe aux rêveries où il imagine que ses parents sont à nouveau ensemble ; aucune réalité ne l'empêche heureusement de continuer de rêver à sa vie d'avant la séparation. Et cela peut durer fort longtemps, voire toute la vie.

Mais les parents d'après, ceux de la réalité, peuvent faciliter la vie de leur enfant ou la lui pourrir en l'encombrant de leurs problèmes faits de rancœur, de désir de vengeance, de dépit voire de haine se manifestant dans la vie quotidienne : que de drames pour des vêtements ou des cahiers oubliés chez l'un ou chez l'autre ! On a dit à l'enfant qu'il n'était pas responsable de la séparation, mais quelle culpabilité on lui fait endosser !

Les couples savent qu'ils ont fait un enfant à deux mais nombre d'entre eux ont tendance à l'oublier quand ils divorcent. C'est quand on ne s'aime plus qu'il importe de ne pas oublier que l'on s'est aimé un jour au point de mettre ensemble des enfants au monde. C'est quand on ne s'aime plus qu'il faut se souvenir que l'amour ou le respect que l'on déclare porter à un enfant impliquent le respect réciproque de ses deux parents quoi qu'ils aient fait. En ce sens, certains parents peuvent dire qu'ils ont réussi leur divorce.

Absentéisme scolaire

L'Éducation nationale commande des études qui ne lui servent à rien.

Premier exemple dans *Le Nouvel Observateur*. Laurent Joffrin analyse le livre de Michel Godet, *Le Choc de 2006*. Selon lui, Godet a le don de dénicher dans le fatras des statistiques officielles le chiffre qui réduira à néant les idées reçues, notamment en matière de politique scolaire. L'idée reçue consiste à dire qu'il faut diminuer le nombre d'élèves par classe pour qu'ils obtiennent de bons résultats. Or les chiffres montrent que les classes nombreuses favorisent davantage tous les élèves que les classes à petit effectif, probablement parce qu'une « tête de classe » se dégage et entraîne tous les autres. Les interactions entre élèves sont rarement prises en compte, sauf à dire que les bons élèves pâtissent de la fréquentation d'élèves moins bons, ce qui reste à prouver. Résultat : depuis trente ans, il est inlassablement question d'augmenter le nombre de postes. Peut-être faut-il néanmoins distinguer les classes maternelles et le début du primaire, où la question des effectifs reste prégnante tant que les enfants ne sont pas autonomes.

Second exemple : les dispositions prises par le ministre de la Famille, Christian Jacob, pour réduire l'absentéisme scolaire.

Catherine Blaya, codirectrice de l'Observatoire européen de la violence scolaire, a interrogé deux cent vingt élèves concernés par l'absentéisme scolaire. Elle a remis son étude au ministère de l'Éducation nationale en mars. Son travail est exemplaire, car il prend en compte le récit et le particularisme de chacun pour en tirer des lignes de force, et non l'inverse, comme c'est fréquemment le cas, lorsqu'on prédétermine des lignes de force pour faire entrer, coûte que coûte, le particularisme de chacun.

Les bons élèves ne décrochent pas. Ceux qui sont renvoyés par le monde scolaire ont une image déplorable d'eux-mêmes surtout s'ils se sentent identifiés à leurs résultats scolaires.

Je m'arrête un instant sur les bons élèves si facilement identifiés, eux aussi, à leurs résultats scolaires. En apparence, ils n'ont pas les mêmes problèmes que les autres ; mais ils en ont ou ils en auront : on n'est pas « bon » parce qu'on a une bonne note, ni « mauvais » parce qu'on a une mauvaise note. Et c'est d'abord aux parents de ne pas assimiler les enfants à leurs résultats scolaires. Les garçons en font encore majoritairement les frais. Ce sont eux qui « craquent » parfois gravement, lors d'un échec scolaire ou universitaire. Plus tard dans la vie, les hommes qui s'identifient totalement à leur réussite professionnelle se dépriment beaucoup plus gravement que les femmes lors d'un épisode de chômage ou au moment de leur retraite.

L'échec scolaire, lui, entraîne, à tout âge, une perte d'estime de soi difficilement supportable, une rancœur voire un sentiment de persécution et d'injustice durable. Chaque jeune réagit comme il peut. La « phobie scolaire » chez les enfants du primaire et du collège, qui était exceptionnelle, devient un motif de consultation de plus en plus fréquent et d'ailleurs difficile à traiter. Selon Catherine Blaya, l'absentéisme scolaire chez les plus âgés est une stratégie d'esquive de l'échec scolaire ou du harcèlement entre élèves. Elle note une forte corrélation entre l'absentéisme et les brimades répétées dont on sait la terreur informulable et les drames qu'elles peuvent engendrer.

Tout comme Michel Godet, Catherine Blaya inverse le regard habituellement porté sur le décrochage scolaire. En référence aux débats récents sur le sujet, elle constate que « le renforcement du sentiment d'insécurité, la prégnance de plus en plus forte dans l'opinion publique de la croyance en une jeunesse dangereuse s'alimentent d'une relation supposée entre délinquance et absentéisme scolaire ». Pour mettre les choses à leur place, rappelons que l'absentéisme concerne 1,9 à 2,5 % des collégiens sur tout le territoire, ce qui est certainement trop mais ne paraît pas très menaçant. L'absentéisme est bien davantage le signe d'une jeunesse en souffrance voire en danger que d'une jeunesse dangereuse.

En filigrane, cette étude met en cause les pratiques dans l'institution scolaire. Or c'est le ministre délégué à la Famille qui répond en s'adressant uniquement... aux parents. Il n'est plus question de savoir pourquoi l'élève s'absente, mais de contraindre les parents, par la persuasion puis la sanction, à renvoyer l'enfant à l'école. Pour le ministre de la Famille, si les enfants ne vont pas à l'école, c'est de la faute des parents. Aidons ces parents irresponsables à redevenir des parents autoritaires : nos rues seront tranquilles pendant les heures scolaires et ce sera déjà ça de gagné pour que les Français se sentent en sécurité.

On sait, par des témoignages et des expériences pilotes, que les absents réintègrent pour de bon le système scolaire si et seulement si on leur a trouvé des solutions adaptées. L'Auto-école de l'ancien proviseur Danielle Pierrelée en est une. Il y en a d'autres, même si elles restent des expériences pilotes. Les mesures ministérielles, elles, s'adressent exclusivement aux parents. Le ministre de la Famille n'interpelle même pas son collègue de l'Éducation. En revanche, à voir la façon dont les parents sont traités, le ministre de l'Intérieur paraît avoir déteint sur son collègue de la Famille. Certes, l'absentéisme ne sera pas considéré comme un délit, comme il en avait été question dans l'avant projet de loi sur la sécurité intérieure. Mais des mesures graduelles allant jusqu'à une amende sanction de sept cent cinquante euros obligeront les parents à obliger les enfants à aller à l'école, avec ce commentaire grandiose : « L'État aura fait le maximum pour leur venir en aide, la sanction sera légitime. »

Qu'aura fait l'État ? Selon M. Jacob, il se sera donné les moyens de dialoguer et de responsabiliser les parents avant de réprimer. Comment ? En installant dans chaque département des cellules de soutien aux pères et mères en panne d'autorité afin de les aider à remettre leur enfant sur la voie de l'école.

Cette idée d'aide à la parentalité est apparue sous le gouvernement de Lionel Jospin et a été principalement défendue par Martine Aubry. C'était plutôt une bonne idée ; son succès immédiat dans toute la France, sous diverses formes, en est la preuve. Mais toute bonne idée a ses dangers et ils étaient présents dès l'origine : se servir de cet instrument étatique pour imposer un contrôle direct toujours plus important sur les familles. Le ministre de la Famille est parfaitement dans cette ligne, puisque les parents qui rejettent le soutien et refusent les rendez-vous pourront être poursuivis pour défaut d'éducation. Il ne s'agit plus de proposer une aide à la parentalité librement consentie, mais d'imposer cette aide et de sanctionner ceux qui n'en veulent pas.

On voit très clairement comment le spectre de la maltraitance, ici nommé « défaut d'éducation », qui concerne une minorité de parents, conduit à considérer tous les parents comme potentiellement irresponsables et à mettre en place des dispositifs auxquels nul ne peut échapper.

Aider ces jeunes signifie certainement impliquer leurs parents. Les chefs d'établissement n'ont pas attendu les directives ministérielles pour le faire. Mais comment se fait-il que l'on ne pense pas à faire participer les principaux intéressés : les jeunes et l'école ? C'est pour le moins déroutant.

Nourriture et jalousie

Cri d'alarme : les enfants trop gros sont trop nombreux. Certains disent qu'ils veulent maigrir, d'autres pas. Quel que soit le cas, on ne peut faire l'économie d'écouter l'enfant, car on ne met pas un enfant « au régime » sans risque, l'échec du régime n'étant pas le plus grave.

Tout enfant obèse a probablement vécu plus d'une fois cette scène quand il était nourrisson : il pleure ; sa mère pense qu'il a faim et sans doute a-t-elle raison ; elle lui donne le biberon ou le sein ; comme il n'arrête pas de pleurer, elle lui redonne à manger, encore et encore. Or, le plus souvent, le bébé n'a plus faim de nourriture, il a faim de paroles. Si, au lieu de donner un biberon supplémentaire, la mère lui parlait, il cesserait de pleurer, car il est déjà repu.

L'enfant avide de paroles et qu'on goinfre enregistre le fait que l'adulte trouve « bien » de remplacer la communication par la nourriture. Assez rapidement, il pourra se goinfrer tout seul sans passer par la communication a minima qui consiste à indiquer qu'il a faim. L'enfant obéit à l'injonction muette « Mange et tais-toi », ce qui est assez violent.

Au moment où l'enfant doit suivre un régime, il subit l'injonction inverse – « Ne mange pas, parlons de nourriture » –, à un âge où l'on n'est plus dépendant du bon vouloir de l'adulte pour se nourrir.

Le comportement alimentaire est certainement l'un des plus complexes qui soit. J'ose à peine rappeler sa fréquence, plusieurs fois par jour, et sa durée, toute la vie. La zone orale peut alternativement être stimulée et apaisée, raison pour laquelle les psychanalystes parlent de « zone érogène ». Elle peut aussi être pervertie.

La nourriture est la métaphore de ce qui fait vivre et la personne qui la donne est le premier objet d'amour de l'enfant. Mais cet objet d'amour veut aussi aimer et se faire aimer. La nourriture est indispensable pour assurer la survie, mais pour vivre, il faut y ajouter des paroles. Ne dit-on pas que « tout ce qui fait vivre nous nourrit » ? Pour couronner le tout, la nourriture entre par l'orifice d'où sort le langage, ce qui peut être une source de confusion, très facile à observer chez les bébés : un nourrisson qui écoute ouvre légèrement la bouche et met sa langue en creux. Un nourrisson qui vomit (s'il n'a pas de sténose du pylore !) veut dire quelque chose au point d'être capable d'inverser le sens de son tractus digestif. Françoise Dolto a pointé à de multiples reprises l'importance du carrefour laryngopharyngien. Là se situent les pulsions réceptrices que sont le désir de recevoir l'odeur et la nourriture de la mère et les pulsions émettrices laryngiennes par lesquelles il peut communiquer avec elle en babillant ou en pleurant.

La complexité de cette zone anatomique est admirablement présente dans notre langue avec des expressions comme « boire les paroles », « cracher son venin »,

« boire la coupe jusqu'à la lie », « ne pas digérer ce qu'on vous a dit », « avaler des couleuvres », « vomir quelqu'un », pour ne citer que quelques exemples. Mais le sentiment humain le plus proche de ces affaires de bouche, c'est la jalousie.

Ne dit-on pas de la jalousie qu'elle a des dents, qu'elle mord, déchire, dévore ? Les festins et les fêtes où le vin lève les inhibitions ne sont-ils pas les lieux privilégiés où éclatent les crises de jalousie ? Encore faut-il qu'il y ait des repas de famille, voire des repas tout court.

Les jaloux n'ont ni un comportement alimentaire ni un habitus spécifique, car il s'agit d'une réaction. Qu'est-ce qu'un jaloux ? « Le jaloux, écrit le psychanalyste Denis Vasse, est tourmenté par une avidité qui va de pair avec l'impossibilité de partager ce qui fait vivre, le souffle de la vie aussi bien que la nourriture ou le sang avec un autre : ce que l'autre prend lui manque ; ce qu'il fait est fait contre lui ; ce qu'il aime, il le convoite, ce qu'il sait, il le dénigre [...] Son discours et son attitude sont toujours réactionnels, mais une réaction n'est pas une réponse [1]. » Shakespeare, dans *Othello*, parle de « ce monstre aux yeux verts qui nargue la chair même dont il se repaît ».

Les sources de la jalousie sont familiales. Elle entraîne des réactions de souffrance lorsqu'elle n'est reconnue ni dans son universalité ni dans sa particularité. Quand on parle à un enfant de sa jalousie, c'est souvent pour s'en moquer, le critiquer ou le dénigrer, alors qu'il n'est ni bien ni mal d'être jaloux. C'est même une expérience

1. Denis Vasse, *Inceste et jalousie*, Le Seuil, 1995.

structurante quand on peut la dépasser – mais on n'y arrive pas tout seul.

Or le discours social et médical sur l'excès de poids est fait pour raviver les affres de la jalousie et aussi celles de l'envie. L'envie est le sentiment de colère qu'éprouve un sujet quand il craint qu'un autre ne possède quelque chose de désirable et n'en jouisse ; la jalousie est le sentiment d'être privé de la personne aimée par quelqu'un d'autre ; l'avidité est un désir impérieux et insatiable, qui va au-delà de ce dont le sujet a besoin et au-delà de ce que l'objet peut ou veut lui accorder.

L'idéal de minceur touche autant les adultes que les enfants, les filles que les garçons. Au cours de son développement, tout enfant passe nécessairement par une phase d'identification (vouloir être comme) qui devrait être assez transitoire. En effet, pour devenir soi-même, il est préférable de renoncer assez tôt à vouloir être un autre ! Il semble plus facile de renoncer à s'identifier psychiquement à quelqu'un que physiquement. L'image étant devenue une valeur, nombre d'adultes veulent encore être physiquement comme quelqu'un qu'ils ne seront évidemment jamais. Cela fait écho à une jalousie ou à une envie jamais dépassée envers un frère, une sœur ou un parent.

Dans la réalité, il existe une inégalité fondamentale devant la prise de poids et entre les enfants d'une même fratrie. Celle-ci est liée à la différence d'âge, à la différence de sexe pour les frères et sœurs, à leur différence tout court quand ils ont le même sexe, au moment et aux conditions de leur conception, à ce qu'ils représentent pour chacun des parents. Il existe des familles d'obèses (ceux-là sont égaux devant la prise de poids) mais, en pratique, je vois plus souvent des familles où un seul enfant (ou un enfant et un des deux parents) est amené à suivre un régime. Cette inégalité de régime – c'est le cas de le dire – est quasi insurmontable si elle est la partie visible de l'iceberg de l'inégalité non assumée, non parlée entre les enfants, source principale de leur jalousie.

Un enfant qui se gave ou qui est gavé est en danger : son corps le lui dit en devenant obèse et son psychisme souffre en silence.

L'enfant et la mort

Merci à Emily, trois ans et demi, de m'avoir prêté son livre préféré, *Au revoir Blaireau*[1]. Il parle de la mort d'un être cher et de ses conséquences sur ceux qui restent en vie, autant dire du deuil, à travers une communauté d'animaux dont le fameux Blaireau.

Emily n'est pas une exception : la mort intéresse énormément les enfants et embarrasse énormément les adultes. Il y a de quoi. D'abord parce que ni les adultes ni les enfants n'ont l'expérience de la mort. Mais les adultes ont du mal à dire aux enfants qu'ils ne savent rien. La plupart ont cependant des croyances et, surtout, ils éprouvent de fortes émotions quand un proche meurt ou risque de mourir.

Les enfants découvrent souvent la mort à l'occasion de la perte d'un animal domestique (ah ! les hamsters et les poissons rouges !) ou d'un grand-parent. Or c'est au moment où les parents sont eux-mêmes bouleversés qu'ils ont le plus de mal à en parler avec leurs enfants. Ils prétendent que c'est pour les ménager mais, en réalité, ils

---

1. Susan Varley, *Au revoir Blaireau,* Folio Benjamin, 2001.

ne veulent pas montrer leur peine, qu'ils assimilent à de la faiblesse. Ils ne savent pas quoi dire, et s'imaginent des choses qu'il faudrait dire et d'autres pas.

Les adultes ont une attitude contradictoire avec l'enfant au moment d'un deuil familial : d'un côté, ils ne voudraient pas le voir souffrir et l'empêchent plus ou moins explicitement d'exprimer sa tristesse ; de l'autre, si l'enfant répond à cette injonction et se met à jouer et à rire comme si de rien n'était, les mêmes adultes ne tarderont pas à penser qu'il est insensible, et à le lui reprocher.

Quand son entourage l'exclut au prétexte de le protéger, en plus de la douleur de la séparation définitive d'avec un être cher, l'enfant perd la confiance en son entourage, ce qui, loin de le protéger, l'anéantit.

Au revoir Blaireau raconte de façon poétique la mort de Blaireau ; ses amis, Taupe, Grenouille, Renard, Lapin partagent leur peine en se racontant leurs souvenirs : à chacun, Blaireau avait appris quelque chose qu'il fait maintenant merveilleusement bien. Leur tristesse commune, loin de les isoler, les a rapprochés, puisqu'ils se sont parlé. Et, petit à petit, la tristesse s'en est allée : leurs souvenirs, toujours présents, les font maintenant rire.

Le travail du deuil est un grave sujet pour de nombreux psychanalystes mais ce petit conte en dit davantage que de longs traités.

Quand un enfant lui demandait : « Quand est-ce que je mourrai ? » ou : « Et toi, quand est-ce que tu vas mourir ? », Françoise Dolto lui répondait : « On meurt quand on a fini de vivre. » Ces paroles rassurent de façon constante les enfants qui passent par un moment d'anxiété concernant la mort. Est-ce parce qu'ils sont plus proches que les adultes de leur naissance ?

Naissance et mort ont un point commun : nous ne nous sommes pas vus naître ; même si nous savons que nous allons mourir, ce sont les autres, comme pour notre naissance, qui sauront que nous sommes morts.

Noël

Impossible d'y échapper : c'est Noël. La majorité des gens subissent les fêtes avant, finissent par y prendre du plaisir pendant, et soufflent épuisés après, pour recommencer l'année suivante. Mais les psychiatres connaissent aussi ceux qui subissent avant, vont très mal pendant et encore plus mal après...

En la circonstance, j'ai lu le magnifique livre illustré de Martine Perrot, *Sous les images, Noël*[1], et j'ai appris beaucoup de choses. D'autant plus que je ne m'étais jamais penchée sur le sujet. Je pensais, de façon très restrictive, que Noël était une fête chrétienne à laquelle on n'échappe pas quand on a des enfants, quelle que soit sa religion.

En fait, ce rite démontre, avant tout, l'imagination des hommes et des femmes face à la grande inquiétude provoquée par l'obscurité qui s'abat sur l'Europe du Nord en hiver. La nuit de Noël offre un florilège de croyances populaires, héritées de la nuit païenne, comme l'étrange conviction selon laquelle naître la nuit de Noël donne des pouvoirs.

---

1. Martine Perrot, *Sous les images, Noël,* Le Seuil, 2002.

Noël, fête de la Nativité, n'existe que depuis 336. L'empereur Constantin, premier empereur chrétien, en fixe officiellement la date pour éliminer les cultes païens et unifier l'empire. Les premiers chrétiens, eux, ne s'intéressaient pas plus que ça à la date de naissance du Christ, qui était pour le moins incertaine.

Faisons un énorme saut dans l'histoire : ce n'est qu'au XIXe siècle que Noël devient le grand rassemblement annuel de la famille. Grâce à qui ? À la reine Victoria et à Charles Dickens. Victoria, reine, épouse et mère, officialise la fête et l'esprit de famille qui souffle sur toute l'Europe. Dickens, lui, saisit sinon invente l'esprit de Noël dans un conte qui a connu un succès immédiat en Angleterre, en France et en Amérique. Un journaliste écrit avec humour que si le livre de Dickens a beaucoup contribué au développement de l'hospitalité en Angleterre, il a aussi entraîné un horrible massacre de dindes.

La fête bourgeoise réaffirme avec force les valeurs familiales : l'innocence joyeuse de l'enfance, la chaleur humaine et la régénération morale.

Passons au XXe siècle et au Père Noël. Saviez-vous que fin décembre 1951, le clergé dijonnais a condamné et brûlé en effigie le Père Noël comme usurpateur et hérétique ? Mais les censeurs ont, en fait, involontairement permis sa consécration universelle, à moins qu'il ne faille dire mondialisée.

En France, le Père Noël s'est imposé via l'école laïque, qui l'oppose de façon ostentatoire à la crèche des écoles privées catholiques. Aux États-Unis, Santa Claus devient l'incarnation de l'opulence et de la réussite des familles nordistes. Mais c'est Coca-Cola qui jouera un rôle décisif. En 1931, la firme a un gros problème : comme le breuvage contient des résidus de feuille de coca, la publicité en direction des jeunes est interdite. Idée de génie : les enfants vont aller offrir du Coca au Père Noël, habillé de rouge et de blanc, pour s'harmoniser avec les couleurs du produit. Slogan : « Avec toutes ces cheminées à descendre, le vieux Santa a des hauts et des bas. Coca-Cola lui facilite la tâche. »

Je n'éluderai pas la question qui doit vous tarauder : faut-il laisser les enfants croire au Père Noël, au risque que cet affreux mensonge leur fasse perdre confiance dans votre parole d'adulte ? Je me garderais bien de vous donner un conseil, sinon de vous procurer *Le Cadeau*, de Françoise Dolto [1]. En guise de précaution, Françoise Dolto elle-même enjoint ceux qui la lisent de ne pas croire qu'elle sait tout. Elle ne sait pas tout, mais elle a un point de vue. C'est elle qui, dans les années soixante, a rédigé pour la Poste la lettre de réponse du Père Noël aux enfants qui lui écrivaient. Son frère, Henri Marette, était alors ministre des PTT. Il y a plusieurs versions de cette lettre, ce qui montre que sa rédaction, très simple, n'était justement pas simple : « Mon enfant chéri, je viens d'avoir la visite du facteur. Il m'a donné ta jolie lettre qui m'a fait grand plaisir. J'ai très envie de t'apporter à Noël ce que tu m'as demandé. J'espère avoir le temps de me le procurer. Mais, tu sais, il faut que je m'occupe de tous les enfants du monde et je suis bien forcé de partager. Je t'embrasse de tout mon cœur. Signé : le Père Noël. »

---

1. Françoise Dolto, *Parler juste aux enfants*, Le Petit Mercure, 2002 ; *Lorsque l'enfant paraît*, « Qu'est-ce qu'une chose vraie ? Le Père Noël », Le Seuil, 1999.

Pour Françoise Dolto, le Père Noël est un mythe, un lutin géant qui n'a ni père ni mère, quelqu'un d'imaginaire. Chacun de nous peut, dans sa vie, jouer au Père Noël pour quelqu'un. Elle voyait d'incroyables vertus au cadeau de Noël : seul vrai cadeau puisque l'enfant n'a personne à remercier. Les adultes font croire que ce n'est pas eux qui donnent et ils y croient presque puisqu'ils donnent un cadeau qu'ils ne donneraient pas dans l'année. Un cadeau de Noël n'achète pas, tandis que tout cadeau a pour fonction d'acheter un peu d'amour.

Ce n'est pas le cadeau surprise qui fait plaisir le jour de Noël, mais un vrai cadeau. Qu'est-ce qu'un vrai cadeau ? C'est celui que l'enfant attend, ce n'est pas lui donner mieux que ce qu'il attend. Elle ajoute, et c'est vrai : il y a des enfants qui attendent des cadeaux minables. A contrario, qu'est-ce qu'un cadeau moche ? C'est un cadeau dont on sent que les parents ne veulent pas qu'on le démolisse, auquel ils sont plus attentifs qu'au reste, alors qu'un cadeau doit appartenir totalement à l'enfant, quoi qu'il en fasse. Bref c'est un cadeau qui fait plaisir aux parents, pas à l'enfant.

Et qu'est-ce qu'on dit à un enfant qui découvre que le Père Noël est un mythe ? « Tu peux maintenant être toi le Père Noël, ça veut dire que tu donneras à tes parents quelque chose dont tu sais qu'ils ont envie sans leur dire que c'est toi. S'ils veulent te dire merci, tu leur diras : mais non, ce n'est pas moi, c'est le Père Noël. »

Et maintenant, à vous de vous débrouiller !

Et joyeux Noël !

Sa Nanie

Auriez-vous l'idée d'acheter un livre ayant pour titre *Ma Nanie,* ? Pas sûr...

Ce titre sur la couverture de la fameuse collection blanche des éditions Gallimard devrait quand même vous intriguer : ça ne peut pas être une étude sociologique sur les nurses anglaises, d'autant que le mot « nanie » est orthographié à la française. Avez-vous remarqué que *Ma Nanie,* est suivi d'une virgule ? Alors, évidemment, on cherche la suite ; en retournant le livre, on la trouve : « P.-S. : Quand j'ai commencé à dire autour de moi que j'écrivais ton histoire, l'histoire de ma nounou qui avait une jambe de bois, qui ne s'était pas mariée et qui n'avait jamais eu de bébés, certaines personnes ont répondu que ça manquerait peut-être un peu de sexe, pour le goût du jour... Faut reconnaître ! »

Eh bien, heureux futurs lecteurs, rassurez-vous : du sexe il y en a, ou, pour être plus réducteur, de la reproduction sans tabou, mais chez les animaux : chiens, chats, chevaux, cochons d'Inde angoras du Canada, rien n'est laissé dans l'ombre. Mais il n'y a pas que ça. Quand on est un auteur pudique qui ne se complaît pas dans la confidence, comment écrire la vie d'une personne très proche à qui il n'est rien arrivé, qui n'a pas fait d'études, n'a rien inventé, n'a pas fondé de famille, n'a même pas eu de véritable amour, tout en maintenant une tension qui saisisse le lecteur du début à la fin ?

Alix de Saint-André – c'est l'auteur – a résolu cette quadrature du cercle par la forme, le ton et le style, ces ingrédients incontournables quand on aspire à produire une œuvre littéraire. Personne ne pourra prétendre que son livre n'est pas inspiré.

Sa Nanie est morte depuis quelques années. Les morts ont-ils besoin qu'on les console ? La question n'est pas si bête que le prétend l'auteur. Elle lui écrit pour lui raconter sa vie. Celle-ci n'a rien d'extraordinaire, mais c'est fou ce qui peut se passer dans la vie d'une personne à qui il n'est rien arrivé. Cette femme a, comme tout le monde, une histoire et même une pré-histoire, un style, un caractère, des secrets de famille. L'auteur a su les déterrer sans en faire la moindre analyse psychologique ou, pis, sociologique. Nanie est avant tout un être de relation. Un exemple : « Six filles, pas moins, lui souhaitent chaque année la fête des Mères. Six filles pour une nullipare, un record ! » écrit Alix de Saint-André, qui est du nombre. La grande histoire nourrit la petite : Nanie a vécu les deux guerres et pas n'importe comment : blessée de la guerre de 1914, à six ans, au cours d'une mauvaise chute, elle sera amputée d'une jambe. Sa traversée de la guerre de 1940 nous fera découvrir un aspect inconnu de l'émigration improbable de quelques juifs allemands dans la campagne aux alentours de Saumur.

Nanie vit dans la famille Saint-André où elle a vu naître Alix. Elles se sont nourries l'une de l'autre à la tendresse et à l'humour.

Françoise Dolto aussi a eu une nanie, et même plusieurs, qui lui ont offert un champ d'observation déterminant pour son choix professionnel. Ce n'est pas si clair pour Alix de Saint-André, petite fille douée, insolente, parfaitement inadaptée aux contingences de la vie quotidienne. Heureusement, sa Nanie n'a jamais cherché à la rééduquer. Elles se sont prises comme elles étaient, sans jamais confondre les rôles et les places de ceux et celles qui les entouraient. Cela devrait rassurer les mères qui se sentent en concurrence avec toute personne à qui elles confient leur enfant. La relation nanie-enfant n'est pas une relation mère-fille. Elle n'est d'ailleurs pas si facile à définir : ni la littérature ni les ouvrages cliniques ne sont très explicites sur ce sujet. Le terme souvent employé de « mère de substitution » ou « de remplacement » n'est pas adéquat. Quand une nanie vit dans la famille, ce qui n'est plus très fréquent, elle s'ajoute aux parents, offrant à l'enfant une autre relation, maternante, certes, mais ne se réduisant pas à cette fonction. Les enfants apprennent des tas de choses qu'ils n'apprendraient pas avec leurs parents parce que ceux-ci ne souhaitent pas qu'ils les apprennent. Au sein même de leur famille, les enfants découvrent des personnes de confiance qui viennent d'ailleurs. Elles n'ont ni les mêmes références ni les mêmes façons de penser. C'est toujours une ouverture qui dépassionne la relation de l'enfant avec ses parents. C'est une mine de découvertes qu'Alix de Saint-André a exploitée à fond.

Ah oui, j'oubliais de vous dire : ce livre est drôle. Tous les mots savants qui servent à définir la drôlerie peuvent lui être appliqués. Il donne aussi envie de pleurer : chacun a ses raisons, j'ai les miennes.

Les enfants

À présent, si vous voyez un livre de la collection blanche de chez Gallimard qui a pour titre *Ma Nanie,* vous savez ce qu'il vous reste à faire. Sans hésiter.

Alix de Saint-André, *Ma Nanie*, Gallimard, 2003.

Les parents

Le nom de famille

Choisir le nom de famille de nos enfants ? Sans nous être jamais exprimés publiquement sur ce sujet, nous avons déjà été entendus ! Sous une « pression sociale » supposée, une proposition de loi vise à permettre aux parents de choisir, entre celui du père et celui de la mère, le nom de famille de leurs enfants, dans l'intention louable de tendre vers l'égalité des sexes. L'enfant porterait le nom de ses père et mère accolés mais n'en transmettrait qu'un seul, au bon vouloir de ses parents.

Actuellement, le prénom est donné et le nom est transmis. Une fois la loi votée, le nom rejoindra le prénom : il sera dépendant de la volonté individuelle des parents. Un homme et une femme adultes prendront le risque de *préférer* un nom à un autre. S'agit-il d'une liberté allant dans le sens de l'égalité comme le prétend son initiateur, le député Gérard Gouze ? Je ne le crois pas. Actuellement, la transmission du patronyme repose sur une loi commune, extérieure à la famille à qui elle s'impose car elle relève des règles de la société entière. La sociologue Irène Théry remarque, dans un article lumineux[1], que « croyant ouvrir un espace de liberté, la loi fait l'inverse : elle ferme la petite famille nucléaire sur elle-même ». Et elle dégage une idée essentielle : nous sommes en train de changer la perception de cette loi commune selon laquelle l'enfant porte le nom de son père, s'il l'a reconnu, et le transmet à sa descendance.

Prenons le cas des enfants nés hors mariage. En 1994, ils étaient déjà deux cent cinquante-sept mille et leur nombre est en augmentation constante. Seuls trois pour cent des enfants reconnus par leur père portent le nom de leur mère, alors que les concubins peuvent très facilement choisir le nom à transmettre. S'ils donnent le nom du père à leurs enfants, ce n'est pas pour éviter de choisir. C'est pour que l'enfant ait un père ; c'est pour qu'il soit clairement inscrit dans les deux lignées ; c'est pour impliquer les deux sexes dans la filiation.

Pendant des siècles, la filiation a été ordonnée par le mariage. L'opposition entre enfants légitimes et enfants illégitimes était d'une violence inouïe. Dans ce contexte, la transmission du nom du père évoquait le poids de la tradition et la soumission à l'antique domination masculine. Mais, aujourd'hui, la loi met sur le même plan tous les enfants. La contraception et le travail des femmes ont transformé l'image infâme de la « mère célibataire » jusqu'à valoriser l'indépendance des mères « solo » qui peuvent à la fois engendrer sans homme, élever économiquement seules leur enfant, et décider si le géniteur sera ou non le père au sens social et juridique du terme. Ce pouvoir exorbitant est heureusement peu utilisé, sauf au

1. Irène Théry, « Le nom entre préséance et préférence », *Esprit*, février 2002, p. 110-118.

moment des séparations conflictuelles où la tentation est forte d'effacer a posteriori le père. La paternité s'en trouve bien plus fragilisée que la maternité. Si les concubins, qui ont le choix, adhèrent à la préséance du nom du père, il faut, selon Irène Théry, y voir « une nouvelle forme d'affirmation de la valeur d'égalité du père et de la mère, égalité par la dualité. Une institution peut donc changer de sens, de nombreux parents s'en sont aperçus, même s'ils ne l'ont pas affirmé aussi clairement alors que les parlementaires veulent changer l'institution. »

Dans le même numéro de la revue *Esprit*, un autre sociologue, Bernard Zarca, homme plein d'humour, propose une solution qu'il juge parfaitement égalitaire : double nom pour tous et, à la génération suivante, les garçons transmettraient le nom du père, et les filles le matronyme, c'est-à-dire le nom de la mère [1].

Irène Théry, séduite, tout comme moi d'ailleurs, au premier abord, voit immédiatement le danger de cette proposition : elle enferme résolument chaque sexe dans sa spécificité au nom de la fabrication d'une égalité « parfaite ». Or la transmission du patronyme n'est pas la loi des hommes mais celle de la société, autrement dit celle des deux sexes. Cette solution, en apparence, ne change rien pour les hommes. En réalité, elle change tout : au lieu d'être des humains en général partageant une condition sexuée asymétrique, nous deviendrions deux espèces dans l'espèce, les femmes se transmettant une identité féminine et les hommes une identité masculine.

1. Bernard Zarca, « La transmission du nom : identité et dualité », *Esprit*, février 2002, p. 84-105.

Faut-il pour autant ne rien changer ? Irène Théry déplace ingénieusement la question de la transmission du nom du père sur l'identité personnelle de la femme et la stabilité de son nom tout au long de sa vie. Les femmes y sont de plus en plus sensibles surtout lorsqu'elles travaillent ou qu'elles divorcent. Pour autant, elles aiment aussi l'idée de porter le nom de leur mari, surtout lorsqu'elles ont des enfants. Quand elles ne se marient pas, elles gardent leur nom mais ne portent pas le même nom que leurs enfants. Comment conjuguer stabilité du nom et élection conjugale ?

Le principe du double nom ouvre deux hypothèses. Première hypothèse : chaque adulte garde son double nom d'origine ; les enfants du couple héritent du patronyme du père et de la mère. Dans une famille nucléaire, légitime ou pas, il y aurait trois doubles noms partiellement différents : M. Gaspard-Paris, Mme Jean-Rome et leur fille, Mlle Gaspard-Jean. C'est la solution adoptée par les Espagnols.

Seconde hypothèse : lors du mariage (ou du Pacs), les mariés (ou les pacsés) adoptent un nom *commun* composé de leurs patronymes respectifs qui sera celui de leurs enfants. S'ils choisissaient cette seconde hypothèse, les hommes seraient directement impliqués en accolant le nom de leur père au nom du père de leur femme : si M. Dupond épouse Mlle Durand, ils s'appelleront M. Dupond-Durand et Mme Dupond-Durand. Cette solution n'a pas enthousiasmé les quelques hommes plutôt féministes et récemment mariés auxquels je l'ai soumise ! Pourtant, dans les deux cas, les femmes n'auraient plus à choisir entre leur souci de garder le même nom toute leur vie et la joie de voir leurs enfants porter aussi leur nom.

La loi est votée mais la date de son application a été reportée : les mairies ne sont pas prêtes à modifier leurs habitudes. Quant à la « pression sociale », on suppose qu'elle retombera.

Thérapie en couple

Quand un collègue psychanalyste vous envoie son livre en attendant votre avis sincère, on redoute de se trouver en difficulté. Pourtant, j'étais curieuse de lire *La Solitude à deux*[1] d'Alain Valtier, et, a priori, plutôt confiante. J'avais raison.

Alain Valtier fait partie de ces psychanalystes grâce à qui la psychanalyse reste vivante. Sans rien céder sur l'éthique, ils sont capables d'orienter leur pratique en fonction des changements de la société. Alain Valtier s'est orienté vers la thérapie de couple, ou plutôt, comme il le précise lui-même, vers la thérapie *en* couple.

Si la psychose a obligé les psychanalystes à inventer des dispositifs adaptés pour traiter cette singularité de l'être, les relations en couple requièrent la même exigence. Que le psychanalyste intervienne auprès d'un couple ou d'une seule personne, il ne fait qu'assister un mouvement déjà initié. La particularité est donc ailleurs : « L'analyste participe, comme tiers, à l'instauration provisoire d'un système d'échanges qui cherche à devenir

1. Alain Valtier, *La Solitude à deux*, Odile Jacob, 2003.

thérapeutique pour chacun des partenaires, et ceci, principalement hors de sa présence, dans le quotidien des partages. » Valtier étend son propos en considérant que, « lorsque les conditions sont favorables, le couple constitue un véritable laboratoire pour la démocratie. Un espace privilégié où se confrontent les questions posées à tous sur la cohabitation des différences ».

Au-delà d'un livre sur la thérapie de couple, on découvre le parcours initiatique d'un homme qui, à travers sa formation, ses rencontres avec la folie, ses lectures théoriques et sa perception du monde d'aujourd'hui, s'est forgé une morale professionnelle qu'on voit à l'œuvre, presque dans les moindres détails.

La construction du livre, déroutante au début, trouve sa logique plus tard, comme dans une analyse ou un roman. À travers l'histoire de ses patients et ce qu'il en ressent, un homme chemine, avance dans la vie et dans sa vie avec des émotions qu'il accueille et dont il se sert au bénéfice de ses patients, sans trop leur en dire non plus.

Et surtout, Valtier sait créer et nous faire ressentir son style. Tous les apprentis psychanalystes, tout au moins ceux qui arrivent à dépasser le stade que j'appelle « la voix de son maître », aspirent à trouver leur style. Cela dépasse évidemment largement ce métier-là. Je ne sais pas si deux avocats peuvent travailler de la même façon, mais il n'y a pas deux psychanalystes qui soient semblables, car chacun doit composer avec la partie inconsciente de lui-même qu'il arrive à mettre à la disposition de ceux qui viennent le trouver.

Le style de Valtier se trouve aussi bien dans son écriture sans afféteries que dans sa façon de ne négliger aucune piste : la science, la politique, la sociologie et, bien sûr, la psychanalyse le nourrissent, mais ne l'embrigadent pas. Elles lui servent à penser mais il n'y est pas asservi.

Pourquoi les couples viennent-ils consulter ? La plupart des situations se résument au dilemme suivant : « Nous n'arrivons ni à vivre ensemble ni à nous séparer. » Autrement dit, ils ne se parlent que rarement et n'ont presque plus de vie sexuelle. Valtier a constaté que consulter en couple est souvent la seule manière de pouvoir parler de soi : les reproches faits à l'autre sont l'occasion d'une confrontation imprévue avec ses propres motivations. Quant au thérapeute, il cherche à inventer avec le couple une nouvelle circulation des échanges, même si la consultation est l'antichambre du palais de justice (se séparer, de nos jours, est plus facile que reconstruire). Cependant de nombreux couples cherchent à affronter cette difficulté. Pas forcément ceux qui se sont aimés le plus. Car l'amour est loin d'être une condition indispensable pour vivre à deux. Peut-être est-il plus adapté de parler de désir.

Au cours d'une psychanalyse individuelle, les personnes changent peu et difficilement. De plus, la psychanalyse n'est pas une garantie pour réussir à vivre avec quelqu'un. Dans les thérapies de couple, ce sont les relations qui changent, et parfois assez facilement.

La Solitude à deux est une formule aussi magique qu'énigmatique. Elle peut être un enfer ou un idéal... Car l'inconscient est aussi influent dans un couple que dans le psychisme individuel.

Le livre de Valtier ne laisse pas indifférent : qui que vous soyez, quelle que soit votre situation actuelle ou passée, il est improbable que vous ne vous soyez jamais posé la question de la vie en couple. En découvrant le parcours de cet homme qui a accompagné tant de personnes si différentes, vous ne pouvez pas ne pas vous demander selon l'âge : « Comment vivre à deux ? » ou « Qu'ai-je fait de mon couple ? ».

Mères toutes-puissantes

Mireille Liberas a tué son « petit Gilles », vingt-neuf ans, drogué et violent, de deux balles dans la tête. Elle n'a jamais fait un seul jour de prison. Sept ans après les faits, le 11 mars 2002, Mireille Liberas a été condamnée par la cour d'assises des Bouches-du-Rhône à deux ans de prison avec sursis.

Dans le film de Robert Guédiguian, *La ville est tranquille*, la mère, interprétée par Ariane Ascaride, tue aussi sa fille en lui injectant une overdose mortelle d'héroïne, ne résistant pas plus que Mme Liberas à l'injonction tragique hurlée par sa fille : « Maman, il m'en faut ! »

Dans le film, le crime passe inaperçu. L'injection mortelle s'est jouée dans l'intimité de la mère et de la fille ; personne n'a cherché d'où venait l'overdose : mère en overdose d'une fille qui la crucifie, ou fille en overdose d'une mère qui ne peut la lâcher, même quand elle se drogue.

Loin de moi l'idée de porter un jugement sur Mme Liberas. Les jurés l'ont fait, confirmant par leur clémence que la société admet, dans une certaine mesure, l'exercice de la toute-puissance maternelle lorsque l'enfant, ici adulte, transgresse gravement les règles de la société. D'après les comptes rendus dans la presse, Mme Liberas s'est présentée comme une femme brisée, mais elle a fourni une explication à la dérive de son fils : elle n'a pas pu lui dire qui était son père. À sept ans, elle a cru bien faire en lui présentant son nouveau mari comme s'il était son père.

Personne, semble-t-il, n'a pu lui dire, avec tact, qu'elle n'avait pas le pouvoir, à elle seule, d'engager la vie de son fils vers la drogue ni vers une brillante carrière si cela avait été le cas. Les mères ne peuvent pas TOUT.

En parlant de personnages de fiction on est sûr, au moins, de ne faire de mal à personne. Dans *La ville est tranquille*, la mère a un compagnon qui ne joue pratiquement aucun rôle dans le tête-à-tête mère-fille. Pour mettre un tiers entre elles, la fille ne trouve que la drogue. Mauvais choix : loin de les séparer, la drogue les rapproche encore davantage, la mère se chargeant – comme dans le fait divers cité plus haut – de fournir sa fille, en s'en faisant ainsi une complice autant qu'une alliée objective.

Dans un cas aussi extrême, il est difficile de ne pas percevoir l'ambivalence des sentiments éprouvés par la mère envers la fille : elle veut certes la soulager – mais en la tuant. Elle ne peut prendre le risque de la perdre en la faisant aider par quelqu'un d'autre.

Le spectateur, lui, s'identifie aisément à la mère : femme sympathique, courageuse, essayant avec énergie de mener sa vie d'ouvrière, de femme, de mère et même de grand-mère, puisque sa fille a aussi une fille de père incertain. La fille, elle, est laide, hargneuse, violente, jetant sa détresse à la figure de sa mère, exhibant sa souffrance sans leur en épargner rien.

On dit aujourd'hui, et je crois que c'est vrai, que le couple est fragilisé et la puissance des pères réduite à peau de chagrin. Parallèlement, l'amour des parents pour leurs enfants tend à devenir inconditionnel, ce qui est fort récent. Mais les fictions et les faits divers sont là pour nous rappeler que même si elle n'a pas toujours des conséquences aussi extrêmes, l'ambivalence des parents et la toute-puissance des mères ne sont pas près de disparaître. Aujourd'hui, pas plus qu'hier, les parents n'aiment leurs enfants quels qu'ils soient, ni quoi qu'ils fassent. Même si l'enfant est consciemment désiré, le poids de l'inconscient n'a pas disparu sous la pression sociale : la majorité des accidents domestiques chez les moins de trois ans arrivent en présence de leurs parents.

Une condamnation de principe comme celle dont a bénéficié Mme Liberas montre que la société est indulgente devant l'expression de la toute-puissance maternelle, au point de reconnaître implicitement à celle qui a donné la vie le droit de la retirer.

De quoi réfléchir, non ?

L'an I du congé paternité

Bonne année, futurs papas, vous allez connaître le congé paternité ! Au moment d'une naissance ou d'une adoption, les pères bénéficiaient de trois jours de congé, désormais ils auront onze jours de plus, vingt et un en cas de naissance multiple. Ségolène Royal, ministre de la Famille, a même précisé que c'était un droit du salarié et non une faveur de l'entreprise – si tant est que les entreprises accordent des faveurs...

Les hommes qui ont aujourd'hui entre vingt-cinq et trente-cinq ans ont souvent eu des mères à tendances féministes, qui ont tout à fait échoué à leur enseigner le partage des tâches domestiques. Leurs compagnes aussi. Faut-il seulement incriminer la mauvaise volonté des hommes ? En étant optimiste, on pourrait considérer que les changements de mentalité concernant les rôles des hommes et des femmes dans la sphère privée demandent encore du temps, et que nous sommes sur la bonne voie. Mais l'optimisme se heurte aux faits. Dans les couples où l'homme et la femme travaillent, et où le partage des tâches devrait progresser, les femmes continuent à cumuler tâches ménagères et tâches professionnelles en s'en plaignant avec plus ou moins de vigueur.

Il y a un fossé entre le discours officiel revendiquant ce partage, et une réalité où les femmes ne lâchent rien, surtout dans la sphère domestique. Car lâcher, ce n'est pas seulement déléguer ; c'est accepter que les choses ne soient pas faites comme on les ferait soi-même, en ne considérant pas cette différence comme forcément négative. Il s'agit de perdre de la maîtrise.

Or la naissance est traditionnellement considérée comme le triomphe de l'emprise maternelle. Winnicott, fameux psychanalyste et pédiatre anglais, considérait que l'investissement exclusif de la mère, appelé « préoccupation maternelle primaire », était bénéfique, voire nécessaire, du moins tant que durait la dépendance totale du nourrisson. Nul ne conteste que la venue d'un enfant requiert des soins, du temps, de l'attention, de l'amour et engendre de l'inquiétude voire de l'angoisse. Mais pourquoi s'y consacrer *exclusivement*, c'est-à-dire exclure tout tiers – et en particulier le père – pour être bénéfique à son enfant ? Est-ce que Winnicott théorise ce qu'il a observé chez la majorité des mères, ou est-ce vraiment ce que les mères doivent faire ?

Heureusement, théories et conseils sont faits pour ne pas être suivis, et nombre de femmes s'occupent de leur nourrisson sans s'y consacrer exclusivement. Pour le nourrir à tous les sens du terme, elles se nourrissent elles-mêmes à l'extérieur en maintenant leur relation avec leur compagnon, leurs amies, leur famille.

La majorité des femmes reprennent leur travail au bout de deux mois. Plus question de « se consacrer exclusivement à son nourrisson » même pour celles qui le souhaiteraient. Faut-il voir un lien entre cette injonction et l'impossibilité de s'y conformer avec la fréquence des dépressions maternelles ? Je ne sais pas.

Quant aux pères, ceux qui s'occupent de leurs enfants dès la naissance sont majoritairement ceux qui continueront de s'en occuper après une séparation du couple. Étant donné la fréquence des divorces, cela n'est pas indifférent.

Les hommes interrogés dans les journaux à propos du congé paternité annoncent qu'ils vont en profiter pour aider leur femme. Quelle timidité ! Ils pourraient aller plus loin et prétendre s'occuper affectivement et matériellement de leur nourrisson, sans se réduire au rôle de simples assistants de leur femme, en restant des hommes pour elles. Une femme, même quand elle vient d'accoucher, n'est pas réductible à sa fonction maternelle – pas plus qu'un homme à sa fonction paternelle. On aimerait bien entendre des hommes nous le dire ! On aimerait aussi que ceux qui le disent soient entendus !

Comme pour les tâches ménagères et bien davantage – un être humain est en jeu –, cela implique que la mère accepte que le père soit différent d'elle. Un homme ne s'occupe pas d'un nourrisson de la même façon qu'une femme, mais il ne s'en occupe ni mieux ni moins bien. La mère y perdra sa toute-puissance vis-à-vis de son enfant en ne s'excluant pas de sa féminité au seul profit de la maternité.

Les enfants y gagneront-ils ? Je me garderai bien de parler à leur place.

Avortement non désiré

Deux cent vingt mille avortements chaque année en France. « Comment s'en sortent les femmes ? » se demande-t-on aujourd'hui à la télévision, preuve, s'il en fallait, que la perception de l'avortement a bien changé depuis sa dépénalisation.

Deux chercheuses, Nathalie Bajos et Annie Bachelot, ont coordonné une enquête sur l'IVG en France d'où il ressort qu'un avortement même « volontaire » n'est jamais un acte anodin. Les femmes le savaient déjà, mais il était important que cela fût prouvé. Il y aura toujours des IVG, même si l'on peut tendre à en diminuer le nombre. Et si l'on admet que l'inconscient existe, il y aura toujours un écart entre ce qu'une femme dit : « Je veux » ou « Je ne veux pas d'enfant », et ce que son corps dit : « Enceinte » ou « Pas enceinte ». Pour certaines jeunes filles, être enceinte et avorter représente une sorte de rite de passage à l'âge adulte.

L'IVG n'étant plus un délit, toutes les femmes y ont accès, plus ou moins facilement, si elles le souhaitent. Nombre de grossesses non désirées peuvent ainsi être évitées. On découvre maintenant qu'un avortement, qu'il soit précoce (IVG) ou tardif (interruption médicale de grossesse quand l'enfant n'est pas viable), peut aussi être non désiré et laisser des traces dans le psychisme des femmes. On ne devrait plus entendre dire à une femme qui a avorté : « Ce n'est rien, vous en aurez d'autres. »

Toutes les femmes peuvent, un jour ou l'autre, avoir à faire le deuil de l'enfant qui ne naîtra pas et toutes s'interrogent – c'est le prix de cette liberté – sur ce qu'elles imaginent être leur désir d'enfant. Interrogation complexe car le désir, par définition inconscient, n'est pas réductible à ce qu'on appelle aujourd'hui le projet parental ; encore moins aux explications conscientes et rationnelles que l'on se donne pour avoir ou ne pas avoir d'enfant.

Le roman de Louise L. Lambrichs, *Journal d'Hannah*[1], illustre mieux que bien des traités les conséquences imprévisibles d'un avortement non désiré. Pendant la Seconde Guerre mondiale, une jeune femme juive, mariée, se trouve enceinte pour la seconde fois, à sa grande joie. Mais c'est la guerre, son mari est dans la Résistance et, pour toutes ces raisons objectives et d'autres certainement plus obscures, il ne veut pas de cet enfant à ce moment-là. Ils décideront de ne pas le garder, ou plutôt : il décidera et elle s'inclinera.

Hannah, grâce à ses rêves et à ses fantasmes qu'elle couche dans son journal, fera naître, grandir et vivre cette enfant, une fille dont, en réalité, elle a avorté tardivement.

Le deuil de l'enfant qui n'est pas né peut envahir la

1. Louise L. Lambrichs, *Journal d'Hannah*, Éditions de l'Olivier, 2002.

vie. Quand il prend la forme de la fiction, on en est comme ébloui.

Louise Lambrichs m'a raconté que le point de départ de son roman était une anecdote racontée par un médecin. Une femme était venue le consulter en désespoir de cause car, depuis des années, elle souffrait d'insomnie. Elle avait consulté des dizaines de médecins qui lui prescrivaient des somnifères mais elle ne dormait toujours pas. Ce jour-là, ce médecin lui avait simplement demandé : « Qu'est-ce qui vous empêche de dormir ? » Et, pour la première fois, cette femme avait pu raconter sa double vie, sa vie réelle et celle qui l'empêchait de dormir pour faire vivre l'enfant qui n'était jamais née. Elle est ressortie une heure plus tard, sans ordonnance. Délivrée.

Au moment où l'on parle de moduler le tarif des consultations médicales dans un pays qui est le plus fort consommateur d'Europe de calmants de toutes sortes, un entretien comme celui-là n'a tout simplement pas de prix.

Françoise Dolto, fille de sa mère

Premier épisode : le départ de l'Irlandaise

Comme tout le monde, la psychanalyste Françoise Dolto avait une mère. Leur relation était unique : ni dans ma pratique, ni dans la fiction littéraire ou cinématographique, ni dans mon entourage, je n'ai rencontré de fille qui, de près ou de loin, lui ressemble. Ensemble, elles ont traversé les mêmes épreuves que d'autres (maladie, guerre, deuil, séparation). Les sentiments d'une extrême ambivalence que la mère éprouvait à l'égard de sa fille n'étonneront personne – mais les réactions de la fille, si.

Entre elles deux, les choses avaient plutôt bien commencé : six mois après lui avoir donné la vie, Mme Marette la lui sauve : « J'ai failli mourir à six mois, d'une double bronchopneumonie, c'est ma mère qui m'a sauvée en me gardant contre elle pendant toute la nuit sans me remettre dans mon berceau, serrée contre son sein. Elle m'a tout à fait sauvée. »

Que s'était-il passé ? Nous sommes en 1909 (Françoise est née le 6 novembre 1908). Comme dans toutes les familles bourgeoises, les enfants étaient gardés à domicile ; chez les Marette, la nurse était irlandaise. Au lieu de promener le bébé, cette jeune fille de bonne famille abandonnait la poussette devant un hôtel de passe luxueux de la rue Vineuse où elle se prostituait et se droguait à la cocaïne. Elle fut renvoyée du jour au lendemain. Et Françoise accusa le coup de cette rupture inexpliquée en tombant malade trois jours plus tard, inaugurant par elle-même les conséquences physiologiques des émotions sans paroles.

Cet épisode reconstruit est une trouvaille de sa psychanalyse, au cours de laquelle ses rêves et souvenirs étaient associés à la rue Vineuse. Après avoir questionné sa mère sur les conseils de son analyste, elle conclura plus tard : « L'enfant, dans son rapport au temps, vit des événements importants avec ses parents, mais il n'en garde que des traces véritables ou des souvenirs-écrans dans un espace inquiétant dont les adultes seuls ont la clé. »

À partir de deux ans et demi, elle ira déjeuner seule chaque vendredi chez sa grand-mère maternelle : « très digne, très austère, veuve, elle vivait vraiment comme une nonne laïque. » Cette femme lui répétait, à longueur de visite : « C'est tout de même dommage que ça ne soit pas ton père qui se soit fait tuer par les Allemands ! Dommage ! Lui, il a six enfants tandis que mon fils n'était pas encore marié, n'avait pas eu le temps d'avoir des enfants ; c'est même honteux ! » On se demande qui devrait avoir honte !

L'expression « les yeux ronds » symbolise à merveille sa façon d'être à la vie, tout au long de sa vie. Tout l'étonnait car elle prenait tout au pied de la lettre. Mais elle se sentait bien seule à le faire : « J'ai passé ma vie à m'étonner. Je ne sais pas d'où ça vient, cette faculté d'étonnement, cette faculté de surprise, de réflexion que j'avais à propos de tout. » La seule personne avec qui je pourrais la comparer, car lui aussi a fait des *yeux ronds* son métier, bien que ce ne soit pas le même, c'est Raymond Devos.

Donc elle posait des questions, beaucoup de questions, donc elle était fatigante... Et toujours surprise par le mode de réponse : « Je n'y comprenais rien à cette culpabilisation presque institutionnelle pour des questions qu'on ne devrait pas poser, pour des choses qu'on devrait savoir, et si l'on demande, ça fait des drames. »

Dans la correspondance de Françoise avec sa mère, celle de l'enfance, on ressent la prégnance d'une éducation culpabilisante avec les meilleures intentions éducatives du monde : l'aveu des fautes et le temps qu'il fait sont des sujets répétitifs. Gentil/méchant, sage/pas sage ont une importance capitale. Comme elle n'arrive ni à être gentille très longtemps et encore moins sage, on sent une force de vie inentamable : « J'ai été sage, je me suis rattrapée d'hier où j'avais été méchante, mais cela a changé et continuera. »

Mais si la culpabilisation est intériorisée et fait souterrainement son œuvre – elle n'explosera sous forme de souffrance aiguë qu'à vingt-quatre ans –, la curiosité l'emporte toujours.

De quoi est faite la curiosité ? D'intérêt pour l'inconnu, d'observation, et de nécessité de comprendre en liant toutes les perceptions sans jamais rien laisser de côté.

Françoise disait : « Jamais je n'ai eu l'idée qu'on pouvait faire quelque chose pour embêter quelqu'un. Il y a des enfants qui ont cette idée-là que les parents sont méchants volontairement ou pas justes : cela arrive. Même de mes frères et sœurs, je ne pensais pas ça. »

Moi, je n'ai pas rencontré beaucoup d'enfants comme ça ! Et encore moins d'adultes dont la vie ou l'œuvre ne démentiraient pas ces affirmations. Pour penser de cette façon, il faut avoir un sentiment de sécurité absolue, comme on parle d'oreille absolue. D'où vient-il ? Il est plus facile de décrire ce qui l'entame que d'affirmer positivement comment il s'acquiert et se conserve. Françoise Dolto l'avait, elle en était sûre : « J'ai peut-être animalement ou végétativement une très grande force physiologique, une sorte de narcissisme protoarchaïque. » Elle pensait que c'était une caractéristique de tous les enfants. Elle a probablement raison si l'on admet qu'un certain nombre d'entre eux, pour ne pas dire la majorité, sont pervertis à s'occuper du désir d'autrui plutôt que de suivre leur propre chemin.

Peut-on dire que la curiosité et le sentiment de sécurité ont pour corollaire une absence de révolte ? Je le crois, car la révolte individuelle ou collective se nourrit du sentiment d'injustice – réelle ou fantasmée. Si Françoise est fatigante, elle n'est pas révoltée du tout. Elle a bien du mal à se soumettre à des règles qui peuvent lui paraître absurdes parce que non expliquées ou réellement absurdes, mais elle éprouve sûrement de grandes satisfactions à comprendre – elle – des choses que personne ne comprend, principalement les réactions émotionnelles à effets physiologiques, comme les vomissements de ses frères après qu'une employée eut bu la bouteille d'eau de Cologne, ou leurs réactions devant les attitudes punitives ou anxieuses des parents. Impuissante sur le moment, elle imagine, dès huit ans, se servir de ses capacités dont elle ne doute pas : « Quand je serai grande, je serai médecin d'éducation ! » Ayant cette faculté de ne jamais se sentir frustrée arbitrairement, elle a pu immédiatement se projeter dans l'avenir : « Le quand je serai grande, c'est tout ce qu'on trouve curieux dans ce que font les grandes personnes et qu'on se dit qu'on ne fera pas comme elles. Je n'ai jamais eu de sentiment de blâme à leur égard. C'était l'étrangeté des grandes personnes que je constatais. Je ne me disais pas que c'était mal ou pas juste, non. Je ne leur reprochais rien : cela allait de soi, elles étaient comme ça, c'était leur espèce [...]. Je me demandais comment, ayant été petits et étant devenus grands, les gens pouvaient être aussi étranges puisqu'ils avaient aussi été des enfants. »

À l'âge de cinq ans, pendant la guerre de 1914, son oncle maternel est tué. Avec la complicité de toute la famille, elle le considérait comme son fiancé. Personne ne l'a détrompée sur son statut de « veuve de guerre ». C'était le premier interdit à nouer d'autres relations amoureuses puisqu'une veuve de guerre ne se remarie pas. Cet oncle est celui dont la grand-mère maternelle aurait préféré qu'il reste en vie à la place de son beau-fils, le père de Françoise. Chez cette femme dévote, il n'y avait aucun refoulement de ses vœux de mort.

Que va transmettre la fille de cette femme à sa propre fille, Françoise ?

Françoise Dolto, fille de sa mère

Deuxième épisode : la mort de Jacqueline

La mère de Françoise lui a sauvé la vie et la petite fille a grandi dans cette famille de six enfants fort turbulents. Tout l'intéresse, tout la surprend, elle est fatigante. Elle a douze ans.

« Ma mère m'a annoncé la veille de ma première communion que ma sœur avait une maladie mortelle que les médecins ne savaient pas guérir ; mais que Dieu pouvait faire un miracle, qu'il faisait des miracles quand un enfant très pur faisait une prière. » Commentaire a posteriori : « Elle se raccrochait à n'importe quoi, la pauvre femme, et elle m'a expliqué que personne ne pouvait être plus pur qu'un enfant qui fait sa première communion, donc, si je lui adressais une prière, Dieu ferait peut-être un miracle aux médecins qui peut-être se trompaient, en tout cas ma prière pourrait peut-être empêcher que ma sœur aînée ne meure. Et comme je n'ai pas su faire une prière assez bien, elle est morte deux mois après... Et je me suis sentie tout à fait coupable, et ma mère me l'a confirmé. Elle m'a dit que j'étais coupable. Elle m'a dit premièrement : "Tu vois, tu n'as pas su prier", deuxièmement, elle n'a pas voulu me voir pendant quinze jours : non pas à cause de ma prière inefficace mais parce que moi, j'étais son autre fille et j'étais la fille qui lui ressemblait. Ma sœur ressemblait à la fois au père de ma mère qu'elle avait adoré et à la sœur de mon père qu'il préférait. [...] Ma mère ne pouvait pas supporter qu'ayant dû perdre l'une de ses filles, ce n'ait pas été moi, la morte. Elle était dingue dans sa douleur de mère. »

Le décès de sa sœur aînée, Jacqueline, à l'âge de dix-huit ans entraîne un véritable cataclysme familial : « Une sorte d'éteignoir est tombé sur la maison. » Jusque-là, Françoise avait eu mille occasions d'être culpabilisée, et de nourrir sa curiosité, mais là, c'était tout autre chose. D'abord parce que sa mère y a été très fort dans la culpabilisation : Françoise réagit à ce deuil en parlant de sa mère, jamais d'elle. On en est assez stupéfait, à tort, car elle n'a pas changé. Comme auparavant, elle mobilise ce dont elle dispose : observation, compréhension, curiosité, absence de révolte ou de blâme : « J'avais beaucoup pitié d'elle et je pensais qu'elle avait bien raison. D'autant plus que moi, j'aurais été très curieuse de mourir. Je n'avais aucunement peur de la mort. » Ainsi elle restera jusqu'à sa mort curieuse de mourir.

Françoise Dolto pense qu'elle ne serait jamais devenue psychanalyste sans ce deuil. Pour qu'elle réagisse de cette façon, on peut imaginer que sa mère savait aussi bien allaiter ses enfants que les sevrer. Mme Marette a allaité ses sept enfants pendant une année. Le dernier, Jacques, conçu pour réincarner Jacqueline lorsque Françoise avait quinze ans, a été nourri au sein dix-huit mois, à une époque où les bourgeoises n'allaitaient plus leurs enfants. Probablement Mme Marette avait-elle une relation amoureuse assez authentique avec son mari, ceci expliquant peut-être cela. Les transferts des enfants étaient manifestement éclatés. Ils ne pouvaient pas imaginer être le centre de la vie de leurs parents. En retour, les parents n'étaient pas au centre de la vie des enfants.

C'est d'abord cet équilibre-là que la mort de Jacqueline a bouleversé. Jacqueline morte est passée au centre de la vie de sa mère : « Le deuil vécu différemment a transformé le climat de leur couple, dit pudiquement Françoise. Mon père voulait tout le temps parler de ma sœur, ma mère l'avait idéalisée d'une façon abstraite et interdisait qu'on en parle. Elle avait gardé en fétiche son armoire, avec tous ses habits qui se mitaient. Il y avait aussi un coin qui était complètement tabou, comme une petite chapelle dans la chambre de mes parents, avec ses photos et des fleurs toujours devant. » Plus jamais les parents n'étaient seuls puisque l'idole était d'autant plus présente qu'elle était absente à jamais.

Mme Marette s'est mise à avoir besoin de sa fille à un âge où celle-ci n'avait plus besoin d'elle : « Je me rappelle qu'après la mort de ma sœur, ma mère, malade comme elle l'était, avait tout le temps besoin que je lui parle, d'être avec moi et elle voulait comme se mimétiser sur moi, ou l'inverse. Elle m'a habillée pareil à elle, c'est-à-dire qu'on allait chez un tailleur où elle me faisait faire la même forme de manteau que le sien, du même tissu mais dans une autre couleur. Et je me disais : elle en a besoin, parce que sans ça elle ne s'habillerait pas, elle n'a plus envie de rien pour elle-même. Alors, si elle ne s'habille pas comme moi, qui suis vivante... »

Beaucoup plus tard, à la Maison verte, Françoise Dolto a décrit cette scène familière où le petit veut le jouet du grand. Mais quand il l'a, ça ne l'intéresse plus : ce qu'il convoite à travers le jouet, c'est la vie que le grand y fait passer. Le jouet isolé est mort tant que le petit ne sait pas que lui aussi, il a de la vie.

J'ignore tout des relations de Mme Marette avec ses fils, mais il me semble que c'est parce qu'elle était une fille et sa seule fille vivante que Françoise a été la cible d'une haine ambivalente qui ne s'est plus démentie jusqu'à sa mort.

Malheureusement ou heureusement, cette fille se dit « infirme en suppositions agressives [...] prête à coopérer, pas à rivaliser ». Son interlocuteur, Jean-Pierre Winter, ne peut s'empêcher d'avancer avec précaution : « On dirait que tu mets de la compassion là où d'autres diraient : ça m'a fait souffrir ! »

Pendant des années, Françoise a compris sa mère en mettant tout sur le compte de son deuil impossible. Sa mère l'agressait parce qu'elle estimait que sa fille était responsable de ce qui la rendait malheureuse. Françoise a endossé sans broncher cette responsabilité sans se défendre en attaquant, ni se justifier. Comprendre, pour Françoise, n'a jamais signifié adhérer ou s'identifier : elle comprenait que sa mère la juge responsable de ses malheurs, mais elle-même ne s'en sentait « pas responsable, juste triste et en défense passive ».

Que voulait sa mère ? Qu'elle ne la quitte pas d'une semelle, tout en ayant du mal à la supporter ; puis qu'elle se marie et s'occupe de sa famille. Que voulait Françoise ? Faire médecine et être heureuse.

En quoi était-ce si conflictuel ? Pour la mère, une fille qui faisait des études ne pouvait pas se marier. C'était une salope, une putain – ce sont ses termes –, bref, ce n'était plus une femme estimable. Mais l'emprise avait une fin dont la mère avait elle-même fixé le terme : « À vingt-cinq ans, tu feras ce que tu voudras. »

Françoise a eu une attitude incroyablement économe, tout en défense passive, un attribut reconnaissable d'une féminité digne : ne rien céder sur son désir mais attendre qu'il puisse se réaliser. Dotée d'« une force naturelle irréfléchie, une dynamique calme, inébranlable, physiologique », elle a mené une drôle de vie pleine d'activités, au milieu des adultes qui souffraient.

Passer son bac, surtout la deuxième partie, fut une conquête, sa mère ayant subtilisé la feuille d'inscription. Mais le père veillait en silence. Il était un allié sûr, sans pour autant être son complice.

Les études d'infirmière ont aussi été conquises de haute lutte, sa mère espérant qu'elle serait dégoûtée. Ce qui ne s'est pas produit, bien au contraire. Mme Marette avait aussi été infirmière auprès des blessés de la guerre de 1914. Françoise reconnaît que l'envie d'être médecin lui est venue de sa mère « qui [lui] disait qu'à [sa] place c'est ce qu'elle ferait. Quand elle était jeune fille cela ne semblait pas admissible encore et c'était son grand regret ». La lutte pour la conquête de son indépendance est engagée mais elle est loin d'être gagnée. Dans des genres fort différents, les deux femmes ont autant de force l'une que l'autre. Passion de la haine d'un côté, passion de la vie de l'autre.

Et Françoise n'est déjà plus une enfant.

Françoise Dolto, fille de sa mère

Troisième épisode : la lettre au père

À vingt ans, Françoise est encore interdite d'études. Grâce à son frère cadet, elle peut commencer médecine à vingt-quatre ans au lieu de vingt-cinq (âge de la fin de l'emprise maternelle) puisqu'elle sera chaperonnée. Elle n'a pas étudié depuis sept ans.

Au moment où elle n'a plus à lutter, elle craque sous le poids de la culpabilité d'avoir rompu des fiançailles bénies par la mère, de faire des études interdites et d'être harcelée : « Je me sentais coupable, je me sentais harcelée. Ma mère ne me parlait plus, je ne pouvais plus prendre mes repas avec elle, elle sortait de table si elle me voyait. »

Elle commence une analyse avec Laforgue qui recevait déjà son frère, Philippe, et très vite, dit-elle, « en exprimant mon désarroi et mes sentiments de culpabilité, mon intelligence m'est revenue pour travailler et je me suis dit qu'il fallait d'abord me libérer de ma mère donc me concentrer pour bien faire mon métier. [...] Ma mère au même moment était tout à fait folle de ce que, au lieu que ce médecin fasse revenir mon fiancé, comme elle l'avait espéré, ça me dégage de ma culpabilité au moins assez pour que je sorte du trouble dépressif visible où j'étais tombée. »

Est-ce à cette époque ou après la fin de son analyse qu'elle a compris que sa mère était jalouse d'elle, je ne sais : « Elle m'enviait de réussir à me libérer des entraves de la vie bourgeoise des filles. » Le fait est que son père décide qu'elle quitte la famille pour préserver sa mère. Rétrospectivement, cette mère n'a peut-être pas eu tout à fait tort de faire mettre à la porte une fille aussi inhibée à vingt-cinq ans par « l'angoisse paralysante qu'elle créait chaque fois que j'essayais d'aller de l'avant en me faisant croire que j'agissais mal ». De façon assez cruelle, elle l'a contrainte à continuer ses études. En effet, dans l'analyse, Françoise pense avoir fait disparaître son intérêt pour les diplômes et les triomphes d'examen qu'elle assimilait à des revendications masculines.

Françoise mène enfin la vie choisie mais dans une pauvreté qu'elle présentera plus tard comme effrayante compte tenu de son milieu, la mère voulant que le père lui coupe complètement les vivres, ce qu'il n'a pas fait. Ses agendas n'attestent pas de cette misère économique mais plutôt d'un immense isolement par rapport à sa famille globalement réprobatrice, à l'instigation de sa mère.

Venons-en à la lettre au père datée de juin 1938. Françoise a trente ans, elle n'a pas encore rencontré Boris, son futur mari. Cette lettre n'a probablement pas été envoyée. En tout cas, aucune réponse n'a été retrouvée. Quand on est capable d'écrire une telle lettre – en l'envoyant ou pas –, on est sur le point de devenir adulte. Et à cette aune-là, il n'y a sans doute pas beaucoup d'adultes.

Cette lettre est une mise au point factuelle mais sans ambiguïté à propos des événements du passé récent, une analyse des positions transférentielles et projectives des uns et des autres – y compris d'elle-même –, une anticipation de l'avenir considérée du point de vue des fondations familiales, au risque d'une rupture définitive qu'elle se sent capable d'assumer.

Sa compréhension de la pathologie maternelle est à la fois clinique et poignante : « Le symptôme c'était la dépression mélancolique. La force de maman est peu commune. Il y a peu de femmes douées d'une telle richesse de tempérament. Aussi c'est avec une volte-face extraordinaire qu'elle a pris "sur elle-même" comme on dit. [...] Les conflits couvaient, se renforçaient dans l'ombre jusqu'au jour où j'ai pu devenir le support responsable, extérieur à elle, de tout le poids des éléments vivant en elle, et qui entrent en conflit avec la partie malade. Si je suis pour elle chargée d'une si forte culpabilité, cela lui est nécessaire. C'est grâce à son attitude revendicatrice à mon égard qu'elle évite de tomber dans l'autodestruction d'après la mort de Jacqueline. »

Les attaques maternelles contre Françoise touchent quasi exclusivement à sa condition de femme. Jacqueline, la sœur aînée décédée, dégageait une féminité triomphante, reconnue par l'entourage, que Françoise ne possédait pas. Chacune des filles séparément aurait pu réaliser les vœux maternels qui n'étaient exclusifs les uns des autres que dans l'esprit de son temps : l'une serait restée femme au foyer, l'autre aurait travaillé en y sacrifiant sa vie de femme et de mère. La première ayant disparu, Françoise ne pouvait réaliser les deux destins.

Parce qu'elle a opté pour la réalisation des vœux insatisfaits de sa mère (devenir médecin), celle-ci s'est attaquée sans relâche à son destin de femme via des calomnies injurieuses – lui imputant une vie de prostituée – propagées à une famille des plus conventionnelles qui ne demandait qu'à y croire, et par des entraves morales culpabilisantes et inhibantes : « J'ai fait de mon mieux pour t'expliquer comment sans aide maman est obligée pour vivre de croire que je la méprise, la bafoue, etc., car c'est pour son conscient cette fois l'excuse qui lui permet de jouer son jeu cruel inconscient en évitant trop de sentiments de culpabilité. »

Ce n'est pas en devenant médecin puis psychanalyste, ni même en réalisant pleinement sa vie de femme et de mère, que Françoise n'a *pas* accompli le destin familial. Bien qu'ayant énormément souffert entre douze et trente ans, elle ne s'est jamais placée en position de victime, contrairement aux autres femmes de la famille. On sait la jouissance que tirent les victimes de leur position et combien il leur est difficile d'y renoncer, même après une analyse. En déniant la haine – celle que l'on peut ressentir et celle que les autres peuvent vous faire subir –, Françoise Dolto a infléchi le destin névrotique des femmes de sa famille. La jouissance qu'elle a dû inévitablement en tirer aura profité à bien d'autres, les enfants bien sûr, mais aussi les femmes et surtout les mères.

Jugez-en : « Je ne peux pas haïr une mère qui dit qu'elle brûle les doigts de son enfant parce qu'elle se masturbe [notons qu'elle choisit de raconter à Jean-Pierre Winter le cas d'une femme branchée sur le sexe de sa fille] [...] et pour écouter et comprendre cette enfant, qui avait tous les doigts brûlés, qui était comme abrutie et qu'on amenait parce que l'école disait de l'emmener, il fallait entendre comment elle était traitée pour devenir une enfant comme il faut par une mère qui elle-même avait été élevée par un père sous-lieutenant. Elle admirait son père qui infligeait devant elle des sévices aux Noirs pour qu'ils soient bien dressés. Elle avait fait la même chose avec sa fille. On a pu travailler après, mais je n'avais aucune haine, j'étais atterrée de douleur et de compassion pour cette femme qui avait été cette petite fille. » Le psychanalyste Jean-Pierre Winter lui rétorque : « Je doute que cette enfant ait eu de la compassion pour sa mère ! » Ce en quoi il peut se tromper, tant les enfants maltraités peuvent aduler leur bourreau.

On mesure ce que la position de Françoise Dolto, véritablement autonome par rapport à ses parents mais sans le moindre reniement, a eu de créatif pour la collectivité, et pas seulement celle des analystes. Elle répond à Jean-Pierre Winter : « Non, elle n'avait pas de compassion mais pourquoi avait-elle choisi cette mère-là pour naître ? Voilà moi, où je vais. »

Elle dira ce qu'elle pense vraiment de sa mère sans parler explicitement d'elle, vers la fin de sa vie : « Pour moi, je dois dire que les gens qui font du mal à ceux qu'ils aiment ou à ceux avec lesquels ils vivent, ce sont des gens qui n'ont pas compris qu'ils étaient des humains, ils se comportent comme des singes de tribu qui ne veulent pas de la tribu voisine. Ils ne sont pas des humains parce qu'ils ont peur de parler, ils ont peur des autres êtres humains. »

Françoise Dolto, elle, a toujours parlé et écouté sans peur. Que cela ait été possible reste un mystère.

Et c'est bien ainsi.

Françoise Dolto, *Enfances,* Le Seuil, 1986 ; *Père et fille, une correspondance, 1914-1938*, Mercure de France, 2001 ; *Correspondance, 1913-1938,* Hatier, 1991.

Françoise Dolto et Jean-Pierre Winter, *Les Images, les Mots, le Corps*, Gallimard, 2003.

Parents délinquants

Vaut-il mieux avoir un parent en prison ou en cavale ? Je me posais la question en regardant les enfants de Didier Schuller (poursuivi pour délinquance financière) s'exprimer lors de son arrestation après des années de cavale dorée.

Les enfants de parents emprisonnés sont beaucoup plus nombreux, et il existe fort heureusement des associations, comme les Relais parents-enfants, pour maintenir les liens entre l'enfant et son parent incarcéré.

Ces enfants nous en apprennent beaucoup.

L'incarcération est une punition infligée par la société à ceux qui ont transgressé la loi. Elle sépare physiquement la personne de son milieu, de sa famille, et l'empêche de se servir librement des moyens de communiquer à distance.

Les enfants sont donc privés de rencontrer leur parent incarcéré ou de communiquer avec lui. Ils nous disent alors qu'ils se sentent eux-mêmes en prison.

Ils nous disent aussi que les séparations les plus anodines ou les plus courtes peuvent être ressenties comme des abandons définitifs. À l'inverse, des séparations en apparence traumatiques n'ont pas les conséquences dramatiques que l'on aurait pu prévoir en termes d'insécurité. Il s'agit là des séparations subies par l'enfant et non de celles qu'il décidera plus tard. Il y a cependant un lien entre les séparations subies et les séparations voulues : il est paradoxalement plus difficile de se séparer, le moment venu, de ceux qui vous ont fait subir des séparations douloureuses.

Un enfant peut supporter une séparation sans trop souffrir, à condition que quelqu'un l'aide à faire ce qu'il ne peut faire seul : faire venir en pensée la personne absente. Un adulte qui parle à l'enfant de l'absent lui permet de transformer un abandon persécutif, vide de paroles, en une séparation accompagnée.

Lorsque la séparation est liée à l'incarcération, les adultes, même professionnels, ont beaucoup de difficultés à appliquer des mesures destinées à éviter la souffrance de l'abandon et à surmonter l'épreuve.

Quel que soit l'âge de l'enfant, il faut l'informer sans tarder de ce qui se passe pour ses parents et de ce qui va lui arriver, à lui. Ce n'est déjà pas évident dans la vie courante – ça l'est encore moins lorsqu'un parent est arrêté. Quand, de surcroît, l'enfant est placé dans une institution, l'occasion est trop belle pour lui dire les choses à moitié en annonçant le placement mais en lui cachant ou en minimisant les *raisons* du placement. Or l'enfant a souvent assisté à l'arrestation, qui ne se passe pas toujours en douceur. La violence exercée sur les parents devant lui, même si elle peut être légitime, est aussi grave que la violence exercée par les parents sur l'enfant. Parfois, l'enfant arrive sur son lieu de placement en état de choc.

Il faut, ensuite, continuer à lui parler de son parent. La disparition physique est une chose. La disparition du parent dans les mots est parfois bien plus choquante.

Pourquoi est-ce indispensable alors qu'on a longtemps pensé que c'était traumatisant ? L'enfant s'imagine longtemps être le centre du monde. Quoi qu'il arrive, il se sent responsable, et si ce qui arrive est nocif, il se sent coupable. Lui dire où est son parent le rassure sur le fait qu'il est vivant ; lui dire pourquoi il n'est plus là le dégage de sa responsabilité supposée, ou lui montre que l'entourage n'adhère pas à l'idée de sa responsabilité.

Les choses se compliquent lorsque le parent est arrêté pour maltraitance, puisque l'enfant est directement impliqué. Mais expliquer à un enfant que ses parents, comme tous les parents, n'ont pas tous les droits et que l'un d'eux (ou les deux) a abusé de son pouvoir sur lui, ce que la société sanctionne – autrement dit, introduire un tiers entre le parent et l'enfant –, n'est pas culpabilisant.

La troisième mesure est le maintien des liens, ce qui n'est pas simple. En pratique, la première visite est la plus longue à organiser, alors que c'est la plus urgente. Pour les suivantes, la régularité prime, et c'est le plus difficile à obtenir. Ces visites sont chargées d'émotion et la plus mauvaise question que l'on puisse poser est : « Est-ce que ça s'est bien passé ? » On n'a pas à attendre d'un enfant qu'il soit content ou non d'avoir vu son parent, ni qu'il ait envie ou pas d'y retourner. On n'a pas à le questionner mais à l'écouter, sans forcément tirer des conséquences pratiques de ce qu'il va dire.

Selon l'âge des enfants, ces visites sont des occasions uniques de parler des interdits fondamentaux, des lois légitimes, des lois injustes et de la respectabilité qu'entraîne le fait de respecter les interdits. Cela représente un enjeu éducatif et thérapeutique majeur pour l'enfant car, quoi qu'il arrive, il restera le fils ou la fille d'un homme et d'une femme ayant transgressé les lois de notre société. Ces enfants auront à faire un travail difficile pour ne verser ni dans le reniement ni dans l'adulation. Mais n'avons-nous pas toujours ce travail à accomplir vis-à-vis de nos parents ?

Si la justice décide que M. Schuller doit purger une peine de prison, ses enfants auront, n'en doutons pas, l'occasion de lui rendre visite et de remettre quelques pendules à l'heure : doit-on, comme le fils, considérer son père avant tout comme un délinquant et le dénoncer, ou doit-on penser, comme la fille, que son père est avant tout un père ?

Les Liens familiaux à l'épreuve du pénal, sous la direction d'Alain Bouregba, Érès, 2002.

Un mur

« Ceci est un livre de survie, survie forcenée dont les possibilités sont presque infinies, à l'image de l'horizon. Tant qu'un être humain peut ne serait-ce qu'entrevoir un fragment d'horizon, il est assuré de ne pas périr, même plongé dans le foyer d'une tragédie. Surtout qu'il ne soit pas enfermé dans un lieu aveugle ! [...] C'est pourquoi moi, Renée, j'entreprends de déterrer cette histoire, l'arrachant de sa dure gangue muette. C'est moi qui suis cette femme acharnée à déterrer. Ainsi parlerai-je. »

Renée Guillaume, mère d'un enfant autiste, commence très fort son témoignage[1]. Je n'avais pas envie de le lire car je pressentais une histoire très douloureuse. Il est resté plusieurs semaines sur ma table de nuit avant que je plonge. Puis je l'ai lu d'une traite comme un bon roman policier.

Vous trouverez peut-être la comparaison surprenante mais il y a des points communs entre le récit psychanalytique d'un cas (notamment *Cinq psychanalyses* de Freud)

1. Renée Guillaume, *Un silence assourdissant*, Albin Michel, 2002.

et le roman policier : l'énigme (les symptômes), les indices (les souvenirs), le décryptage (l'association libre), la mise en relation d'éléments disparates (l'interprétation), le tout permettant de résoudre l'énigme. Quant à la guérison, c'est une autre histoire...

L'autisme est la plus énigmatique des maladies mentales et, bien sûr, cette énigme-là ne sera pas résolue. En décrivant linéairement, sans plus de froideur que de sentimentalité, l'histoire de la vie de Robin, son fils unique, Renée Guillaume nous livre la reconstitution qui lui a permis de comprendre ce fils, si étrange, si étranger.

Quand Françoise Dolto a dit qu'il fallait remonter à trois générations pour saisir la genèse d'une psychose, certains parents se sont sentis culpabilisés. Quand Renée Guillaume raconte comment son mari et elle ont, dans leur enfance respective, absorbé des violences graves jamais reconnues, jamais nommées, on pressent que le fruit de ces deux êtres-là, Robin, aura quelques difficultés à trouver sa voie.

Tous les parents d'un enfant « différent » se reconnaîtront dans le parcours du combattant qui va de l'intuition maternelle initiale, qui s'impose comme une vérité, malgré les dénégations de l'entourage et les fausses réassurances médicales, jusqu'à la personne qui apporte un soulagement parce qu'enfin elle nomme : ici, pour Robin, ça s'appelle « autisme ». Un autre parcours du combattant commence alors, et il dure toute la vie.

Robin et ses parents ont rencontré une psychanalyste très expérimentée. La mère ne la nomme pas et il faut respecter ce choix. Cette psychanalyste n'est pas une magicienne. Elle a cheminé aux côtés de Robin et de ses parents pendant plusieurs années. Elle a ouvert des voies dans le respect des uns et des autres, elle a aidé à trouver des solutions matérielles malgré la tragique carence de la France dans la prise en charge et l'éducation des autistes. Elle n'a pas pu ou pas su voir le drame que cet enfant vivait au présent, alors même qu'elle le recevait régulièrement ; drame ignoble, difficile à concevoir, aussi difficile à lire qu'il a dû être difficile à entendre pour les parents de la bouche de leur fils devenu adulte. Il y est question de bourreau et de victime, de sévices et de perversion dans une famille d'apparence irréprochable, pleine de principes et qui avait, comme on dit, tout pour être heureuse.

Pendant toutes ces années, les parents se sont séparés puis retrouvés. Ces êtres brisés ont finalement fait de leur vie une extraordinaire histoire d'amour.

Ce beau récit raconte l'horreur et exhale la souffrance. Avec le tas de briques dont nous disposons (notre matériel génétique et notre héritage au sens large), nous pouvons construire un mur ou une cathédrale. Robin a construit un mur parfaitement étanche, mais c'était pour protéger sa cathédrale, celle qu'il avait construite avant l'âge de deux ans, avant qu'il ne soit livré – pour son bien – à la perversion totalement destructrice de son grand-père. Celui-ci avait déjà détruit sa mère puis le couple de ses parents, avec la complicité terrorisée mais active de la grand-mère, si soucieuse de ce que pouvaient penser les voisins. Quand Robin est devenu adulte, quelques brèches sont enfin apparues dans le mur et ses parents ont pu le rejoindre dans sa cathédrale. Ils ont enfin découvert que Robin savait aimer. Il savait aussi haïr et juger ceux qui n'avaient pas pu, pas su le protéger des agressions subies. C'est dire que la solidité du mur était à la mesure de ce dont il devait se protéger.

On ne peut pas lire un tel livre à la plage ; le soleil et le bruit ne lui conviennent pas. Passez-y la nuit. Au petit matin, vous lirez ces mots : « Le docteur Z avait dit un jour à Robin : “Parle et tu diras au monde ce que tu as souffert.” Renée se promit de mettre en œuvre ces paroles pour que l'histoire de cette vie détruite, émergeant des décombres, ne retombât pas dans le silence. Nécessaire justice. »

Mission accomplie.

Les « bons » parents

Les professionnels concernés par la protection des enfants commencent à s'apercevoir que séparer les enfants de leurs parents coûte fort cher, à tous les sens du terme, sans être pour autant la meilleure solution au seul vrai problème : la mise en danger des enfants par leurs propres parents.

Deux mouvements, en apparence contradictoires, se dessinent : d'un côté, l'augmentation régulière des signalements pour maltraitance (alors que les professionnels prévoyaient plutôt une stagnation) induit l'idée que tous les parents peuvent être potentiellement maltraitants ; de l'autre côté, depuis que Martine Aubry a été ministre des Affaires sociales, il existe une politique d'aide à la parentalité dans toute la France.

L'aide à la parentalité est née d'une constatation : quand les parents ne savent plus être des parents, on ne peut pas placer tous les enfants dans des institutions, au demeurant fort rares, et qui n'ont pas fait leurs preuves. On ne peut pas non plus envoyer les enfants en masse dans des familles d'accueil, payées par l'État, mais pas forcément plus compétentes que les parents eux-mêmes.

D'où l'idée qu'il est plus rentable – et pourquoi pas meilleur – pour les enfants de les laisser en famille et d'aider directement leurs parents. Ceux-ci en sont, pour la plupart, fort satisfaits.

Mais la politique d'aide à la parentalité n'a pas remplacé la suspicion de maltraitance. Elle s'y ajoute, car elle concerne au premier chef les « bons parents » ou ceux qu'on n'a pas encore déclarés « mauvais ».

Pour les parents maltraitants que je connais bien, rien n'a vraiment changé dans la considération ou plutôt l'absence de considération qu'on leur porte. Alors que le discours sur le respect de l'enfant bat son plein, les professionnels n'ont pas encore intégré l'idée qu'on ne respecte pas un enfant si l'on ne respecte pas ses parents.

Les parents dont les enfants sont pris en charge par l'Aide sociale à l'enfance ne sont pas dans une situation d'égalité avec ceux qui prétendent les aider : il existe une dissymétrie fondamentale entre ceux qui aident et ceux qui sont aidés. Aujourd'hui, cette forme de dépendance est considérée comme une incapacité, voire une déchéance. Les parents maltraitants sont considérés à la fois comme incapables et coupables. Les seuls parents traités comme des égaux par les services sociaux seraient des parents conventionnels, soit précisément ceux qui ne viendront jamais les voir...

Les travailleurs sociaux ont les plus grandes difficultés à ne pas assimiler totalement les personnes à leurs actes. Ils ne sont pas les seuls, mais ils font des métiers qui les confrontent en permanence à cette difficulté. Un parent maltraitant a incontestablement commis un acte nuisible vis-à-vis de son enfant. La justice est là pour dire le droit et sanctionner l'acte. Mais la personne qui l'a commis ne se réduit pas à cet acte, elle n'est pas quelqu'un de « mauvais » qui n'aurait plus droit au respect. Derrière la défense de l'enfant, se profile toujours un jugement sur les parents.

Il est probablement impossible de travailler à l'Aide sociale à l'enfance sans s'identifier à l'enfant victime. Le travailleur social projette sur les parents ce que lui-même aurait pensé s'il avait été à la place de l'enfant. Or cet enfant n'est pas le fils ou la fille du travailleur social et n'a pas pour fonction de l'aider à résoudre ses problèmes avec sa propre famille. Le travailleur social n'a pas à se substituer à l'enfant, mais à l'aider à se construire avec ses parents tels qu'ils sont.

Les parents avec qui les travailleurs sociaux considèrent qu'il est « facile » de travailler sont ceux qui se soumettent. Ils passent alors de la catégorie de « parents coupables » à celle de « parents irresponsables ». Ces parents-là, on a envie de les aider. Ils se soumettent en venant aux convocations, en acceptant sans discussion les solutions proposées comme étant de l'intérêt de l'enfant, en admettant que la société s'immisce dans leur vie privée et leur impose ses critères s'ils veulent récupérer la garde de l'enfant. Leur manque d'autonomie ou leurs difficultés à construire des projets réalistes seront autant de prétextes pour se substituer à eux. Les décisions vont rarement dans le sens qu'ils souhaitent et les enfoncent dans l'irresponsabilité.

Mais il ne faut pas que les parents se soumettent trop car ils sont alors considérés comme « infantiles » : les travailleurs sociaux acceptent facilement d'assumer la tutelle de l'enfant – mais pas celle des parents – bien qu'ils leur imposent une tutelle de fait.

Les parents avec qui il est « difficile » de travailler sont ceux qui ne se soumettent pas. Ils ont différentes manières de ne pas se soumettre, la plus fréquente étant la fuite et l'abandon de l'enfant à l'institution qui sait si bien s'occuper de lui. Mais, depuis peu, certains choisissent une attitude beaucoup plus déstabilisante : ils utilisent exactement les mêmes formes d'exercice du pouvoir que celles que les institutions pratiquent à leur endroit : jugement des acteurs sociaux sur leurs actes, déni du droit des professionnels à s'occuper de l'enfant, accusation de mauvais traitements à l'intérieur de l'institution. Certains parents comprennent très vite que l'immixtion dans leur vie privée est une forme de chantage à peine voilée : s'ils font ce qu'on leur dit, ils récupéreront la garde de leur enfant. Chaque fois qu'ils « cèdent », par exemple en trouvant un logement décent ou un travail, conditions exigées pour le retour de l'enfant, l'Aide sociale à l'enfance, dans une spirale infernale, leur demande *autre chose*, une chose impossible : leur renvoyer une image de « bons » parents, de parents contrits, alors qu'ils sont jugés « mauvais » parents, car ils contestent tout, et en particulier l'image qu'on leur renvoie de « mauvais » parents.

Il faudrait aujourd'hui trouver une juste voie entre le déni de la maltraitance, dont nous sommes heureusement sortis, et la stigmatisation des parents violents. Un enfant peut (et doit) critiquer ses parents ; mais avant l'âge de trois ans, tout ce que font les parents est « bien », quoi qu'en dise l'entourage. La voie est étroite, et pourtant absolument nécessaire à trouver, entre la reconnaissance de la transgression parentale et la non-identification de la personne entière à son acte. Il y a une différence entre croire ce que l'enfant dit et s'ériger en juge pour émettre une opinion souvent définitive sur ses parents – qui sera une nouvelle prison pour l'enfant. L'enfant doit être laissé libre de se faire *son* opinion sur ses parents en intégrant le jugement et la sanction que la justice a portés sur leurs actes. Si nous prenons la peine de nous interroger sur l'opinion que nous avons de nos propres parents, nous devons reconnaître que cette opinion est évolutive et le plus souvent... contrastée. Mais nous sommes choqués d'entendre juger nos parents par d'autres que nous-mêmes.

L'analyse, si le psychanalyste sait rester à sa place, peut aider ces enfants : être le fruit d'une histoire douloureuse ne contraint pas forcément à vivre perpétuellement dans la souffrance, ni à faire souffrir autour de soi. Lorsque les enfants maltraités continuent d'aimer leurs parents *en ayant reconnu que les actes commis étaient répréhensibles,* les parents se sentent plus responsables et moins coupables. On ne laisse pas cette liberté à un enfant si, en tant qu'adulte ayant autorité sur lui, on émet un jugement sur ses parents en tant que personnes. C'est, à mon sens, une transgression et une violence de plus pour l'enfant. On ne doit pas pour autant approuver tout ce que font les parents, ni même éviter d'en parler ; ce serait être leur complice.

Les personnes qui pensent que les parents maltraitants sont des monstres ne devraient pas avoir de contact pédagogique ou thérapeutique avec les enfants maltraités. Ceux qui affirment que les parents ne peuvent en aucun cas exercer de sévices sur leurs propres enfants non plus. Ces deux positions, en apparence opposées, ont la même fonction : éviter toute remise en question de ses propres parents et de sa propre enfance.

Les enfants doivent avoir des adultes sur qui compter pour assurer leur protection lorsque leurs parents dépassent les bornes. Et ceux qui font profession d'altruisme devraient être les premiers à considérer ces « mauvais » parents d'abord comme des êtres humains. A ce titre au moins, ils sont dignes de respect.

L'air du temps

Bon anniversaire

Le 5 juin, c'est mon anniversaire. En dehors de mes proches, je conviens que cette nouvelle n'intéresse personne. Pourtant, quel que soit l'âge que nous fêtons, il est rare que ce jour soit absolument comme les autres. Et cette année, mon anniversaire n'a ressemblé à aucun autre. Pas parce que je changeais de dizaine. Mais parce que cette année, le 5 juin, pour la première fois de ma vie, ma mère n'était plus là pour me le souhaiter : elle était morte.

Ma mère était journaliste. Pour mes sept ans, elle m'avait écrit une lettre qu'un célèbre magazine féminin avait publiée. Je vais vous la faire lire. C'est une consolation que je m'accorde et un plaisir que j'espère vous faire partager. Mon cadeau et le vôtre :

Vous avez sept ans, Mademoiselle, et vous savez déjà bien des choses. Que la terre tourne et qu'il faut se laver les mains avant de se mettre à table, qu'Henri IV était un gentil roi barbu et que les enfants ne se trouvent pas dans les choux.

Vous êtes une jeune personne bien informée. Pourtant, le

jour de vos sept ans, vous m'avez posé cette question saugrenue :

– Qu'est-ce que c'est, Maman, un anniversaire ?

Votre frère vous a répondu :

– C'est un truc pour avoir des cadeaux.

Alors vous avez objecté :

– Mais je reçois aussi des cadeaux à Noël, et à Pâques, et les autres jours.

On apportait un gâteau couronné de sept bougies roses, un joli bouquet rond que vous envoyait un monsieur cérémonieux... Et nous n'avons jamais repris cette conversation.

Aujourd'hui, je vais essayer de vous répondre.

Un anniversaire, Mademoiselle, c'est une perle. Lorsque vous aurez un long collier composé de ces perles-là, vous serez une vieille dame. Alors vous l'égrènerez et sous votre mémoire rouleront tantôt des perles roses, tantôt des perles grises, tantôt des perles noires. Il faut, à ce sujet, que l'on vous dise très tôt la vérité : les perles roses ne sont pas toujours les premières quoi que les adultes s'obstinent à raconter aux enfants. Et vous verrez peut-être les plus belles, les plus claires, les plus brillantes surgir après de longues séries de perles noires.

Au creux de chaque année, la perle se forme lentement et puis l'année s'ouvre et, un matin, la perle est là. On s'éveille en la tenant entre ses doigts et on dit : « C'est mon anniversaire. » Les uns courent le répétant à tout le monde, se hâtant de montrer la perle, heureux et importants, comme si la plus humble des vies ne sécrétait également les siennes. Alors on les entoure et on s'écrie : « C'est son anniversaire ! » Des fleurs surgissent et des bonbons et des cadeaux et des baisers. Le soir, la perle neuve rejoint le collier. C'est fini.

D'autres, secrets, se taisent. Mais tout le jour, ils sentent la perle au creux de leur paume. Et lorsqu'on prétend leur faire ouvrir la main en leur disant : « C'est aujourd'hui ton anniversaire », ils la referment vivement, à la fois émus et blessés d'avoir été surpris. Le soir, lorsque la perle rejoint le collier, ils se sentent presque délivrés.

Vous n'êtes pas trop jeune pour apprendre, Mademoiselle, qu'il ne faut jamais cependant oublier de saluer une perle qui passe. Si, plus tard, vous n'avez pas de mémoire, vous achèterez un agenda. C'est si simple !

Pour les premiers, les exubérants, la tâche vous sera facile. Si l'argent vous fait défaut, il vous suffira de puiser dans votre cœur et vous serez en retour vivement remerciée. Alors vous vous sentirez importante et heureuse. C'est un échange de bons procédés.

Avec les seconds, ce sera beaucoup plus difficile. Ils vous diront – et ils seront sincères – qu'ils n'aiment pas les cadeaux, que remercier leur est un supplice et qu'en un mot, leur anniversaire est à eux pas à vous. Ce en quoi ils n'auront d'ailleurs pas tout à fait tort. À ceux-là vous épargnerez les fêtes, les réunions familiales où l'on évoque leur petite enfance, et d'une façon générale toutes les manifestations collectives.

À ceux-là, vous ne remettrez jamais un cadeau en mains propres, mais vous le ferez porter et vous marquerez soigneusement que vous n'attendez en retour ni remerciements ni effusions.

En d'autres termes, vous penserez à leur faire plaisir et non à vous faire plaisir, ce qui est hélas ! la façon la plus commune de souhaiter un anniversaire.

Lorsque votre tour viendra d'être fêtée, vous prendrez grand soin, si l'on vous gâte, de manifester une égale recon-

naissance pour les cadeaux coûteux et pour les autres. Vous ne confierez pas, cela va de soi, au téléphone le soin de transmettre l'expression de vos sentiments. Une lettre, je vous prie.

Sauf à l'égard de votre père et de votre mère, vous ne solliciterez jamais, fût-ce avec les ruses les plus subtiles, mais vous répondrez avec simplicité si l'on cherche à savoir ce dont vous avez envie.

Les suggestions que vous ferez ne porteront jamais, alors, sur des objets de prix, car chaque fois que, pouvant prendre, vous vous abstiendrez, vous vous ferez à vous-même le plus somptueux des présents. Les richesses invisibles qu'il peut vous être ainsi donné d'accumuler sont les seules qui vous distingueront du commun des mortels. Non à leurs yeux mais aux vôtres, et je n'en connais pas d'autres dont il faudra vous soucier.

Enfin, dès le jour de vos dix ans, vous aurez, Mademoiselle, un petit carnet. À la première page, vous écrirez vous-même ce que vous aimeriez avoir accompli lorsque, un an plus tard, vous retrouverez ce carnet. À l'avenir vous prendrez l'habitude de faire halte, de vous accorder une heure de solitude et de réflexion. Un quart d'heure pour établir le bilan de l'année écoulée ; trois quarts d'heure pour dresser le programme de l'avenir. Et, chaque fois qu'une perle glisse, confrontation entre le bilan et le programme. C'est là, croyez-moi, un exercice d'excellente hygiène.

Ce que vous écrirez le jour de vos dix ans ne me tourmente guère lorsque je regarde votre visage de petite fille grave. Mais le jour de vos vingt ans ? Qui sera la jeune fille ou la jeune femme qui s'éveillera tenant entre ses mains la perle, celle dont on retrouve entre toutes le grain, la couleur, le poids lorsqu'on égrène le chapelet de son passé ?

Il se peut que, ce jour-là, je n'aie plus de conseils à vous donner ou que vous ne supportiez plus d'en recevoir. Il se peut que l'amour m'aveugle sur vos travers, que l'âge m'incline à l'attendrissement, que je devienne prisonnière des conventions et que, sombrant dans la plus commune des ambitions maternelles, je rêve de vous voir épouser un ambassadeur. C'est pourquoi je vais essayer de vous dire aujourd'hui comment j'aimerais voir ma fille le soir où nous fêterons ses vingt ans.

Il serait intolérable que vous ne fussiez pas jolie puisque vous n'avez rien de positivement laid. Il dépendra de vous que vous preniez cette résolution à temps, à l'occasion de vos précédents anniversaires.

Jeune fille ou jeune femme, vous m'obligerez en observant réserve, tenue et retenue. Vous ne boirez ni ne fumerez avec excès, vous ne parlerez ni ne rirez trop fort, vous n'afficherez jamais de trop tendres rapports avec un homme, qu'il soit ou non votre mari.

Vous ne manifesterez ni morgue ni timidité parce que vous ne vous sentirez ni supérieure ni inférieure à qui que ce soit. C'est en renonçant à vous attacher de l'importance que vous atteindrez la suprême vertu qu'il vous faudra cultiver : le naturel. Vous n'y parviendrez que lorsque vous aurez admis que le monde n'a pas les yeux fixés sur vous. Le plus tôt sera le mieux.

Vous vous soucierez moins d'être aimée, ce qui est à la portée de n'importe qui, que d'aimer, ce dont j'espère vous serez capable. Vous saurez qu'il n'y a aucune gloire à souffrir et qu'il faut vous en défendre au lieu de vous y complaire.

Vous ne vous plaindrez pas « des hommes » sur le mode désabusé, même si vous avez à vous plaindre d'un homme, ce qui vous sera d'ailleurs épargné si vous consentez à ne pas attendre des autres ce qu'ils ne peuvent ou ne veulent vous donner.

Vous éviterez de choquer ou de heurter l'opinion dans les détails de votre vie, de votre habillement, de votre comportement, mais vous n'en tiendrez aucun compte dans les décisions importantes que vous pourriez avoir à prendre. En d'autres termes, vous éviterez d'être provocante mais en demeurant indépendante.

Vous pratiquerez scrupuleusement la politesse et ne céderez en aucun cas à la familiarité. La courtoisie des femmes envers les hommes n'étant pas codifiée, il vous faudra tout à la fois la réinventer et l'observer sans relâche, en particulier dans vos relations avec l'homme que vous aimerez. Ne sous-estimez pas la dépense nerveuse que cela implique.

Plus les mœurs seront libres, plus vous prendrez soin de vous garder des aventures vulgaires dont on vous dira qu'elles sont sans importance. Dans ce domaine, tout doit demeurer important si vous ne voulez pas vous condamner à ce que rien ne le soit plus jamais.

Peu importe que vous soyez excessive dans vos admirations et dans vos mépris pourvu que vous sachiez admirer et mépriser fortement. Mais vous ne tomberez jamais dans le lac de la malveillance où nagent les médiocres qui se dévorent entre eux.

J'espère que l'on ne vous verra pas d'« amie intime » et que vous garderez pour le papier le récit des mouvements de votre cœur, si tant est qu'il faille en faire le récit. L'amitié comme l'amour meurt d'impudeur.

Soyez secrète si vous voulez être forte, et soyez tendre si vous voulez être belle.

Secrète, forte, tendre et belle, oui voilà, Mademoiselle,

comment j'espère vous voir le soir de vos vingt ans. Alors quel que soit votre destin, je sais que vous l'assumerez avec dignité.

Voilà sans doute un lourd programme pour une si petite fille. Il n'est pas encore temps pour vous de faire halte le jour de votre anniversaire, sinon pour vous assurer que l'on vous entoure, pour vérifier vos points d'appui.

Alors, effaçons tout et recommençons. Un anniversaire, Mademoiselle ? C'est tout simplement une façon de dire : « Je suis là et je vous aime. »

Je n'avais gardé aucun souvenir du contenu de cette lettre. Seulement ma fierté le jour où elle avait été publiée ; d'impatience, en classe, j'en avais renversé un encrier sur ma jupe plissée écossaise. La consternation, la tache indélébile, la peur de rentrer à la maison, je m'en souviens fort bien.

La lettre m'est revenue peu après la mort de ma mère, par la poste. Une personne qui s'était jadis occupée de mes enfants avait subtilisé l'original dans les archives de Radio France et attendu cette occasion – la dernière – pour me l'adresser.

Pendant des années – les plus importantes –, j'ai cru que ma mère m'aimait inconditionnellement, sans savoir d'où me venait cette certitude. C'est tout simple : elle me l'avait dit mais je l'avais oublié.

Peut-être le lui ai-je dit, aussi, mais je l'ai oublié.

Cuisinez, jeunesse !

« États d'âme en cuisine : les experts s'interrogent sur une perte de savoir-faire culinaire chez les femmes de vingt-trente-cinq ans [1] », titre la presse sans expliquer ce qui a changé dans la transmission de ces savoir-faire.

Un adulte, vous l'aurez peut-être remarqué, n'est capable de suivre une recette que s'il a déjà appris la cuisine, en cuisine. D'abord en regardant, puis en pratiquant, mais aussi en parlant. Raymond Oliver, pionnier des recettes de cuisine télévisées, l'avait compris : il expliquait ses recettes à Catherine Langeais et les réalisait sous ses yeux. De ces émissions qui ont bercé mon enfance, je ne me souviens d'aucune recette, mais je garde un vif souvenir de ce couple pudique, uni autour de la nourriture à des places bien déterminées : il cuisinait, elle l'admirait.

Ayant plus de trente-cinq ans, je ne fais pas partie de la statistique que rapporte l'article du *Monde*, mais mon observation empirique la confirme : les jeunes filles invitées par mes fils sont tout à fait disposées à m'aider en

1. *Le Monde*, 29 janvier 2003.

cuisine, mais elles ne savent strictement rien faire, pas même une vinaigrette. Certaines s'en vantent, d'autres le regrettent, mais quoi qu'il en soit, elles n'y peuvent rien : leurs mères ne leur ont rien appris. Pourquoi ? Eh bien, ça dépend. Les unes n'y connaissaient rien elles-mêmes – il faut alors chercher une explication à la génération précédente. D'autres ont confondu la conquête de l'égalité entre les sexes avec le rejet plus ou moins radical des tâches traditionnellement dévolues aux femmes. Ont-elles arrêté pour autant de faire la cuisine ? Absolument pas. D'autres statistiques montrent qu'en vingt ans, la répartition des tâches ménagères a finalement assez peu changé sauf (un peu) en matière de soins aux enfants, ce qui n'est pas la partie la plus pénible des tâches ménagères. Les femmes ont donc continué à cuisiner, mais dans des dispositions différentes : la cuisine est devenue une corvée et non un plaisir. Une corvée doit se faire vite et peut être remplacée par des plats surgelés, une pizza livrée à domicile ou une sortie au MacDo.

Les garçons et les filles ont donc continué à voir leur mère en cuisine (dont la surface s'est d'ailleurs considérablement réduite, puisqu'elle n'est plus la pièce à vivre). Mais comment avoir envie d'apprendre une tâche aussi ingrate avec quelqu'un qui ne souhaite pas vous l'enseigner, et qui pense, sans se l'avouer vraiment, que si la fille ne sait pas cuisiner, elle ne cuisinera pas.

Ce qui est vraiment dommage, c'est que les mères n'aient pas appris la cuisine à leurs fils ! On ne dira jamais assez le rôle des mères de garçons dans l'égalité entre garçons et filles. La plupart des femmes, qui ont conquis leur propre égalité, élèvent leurs fils comme de futurs machos. Leur culpabilité, rationalisée par leur travail à l'extérieur, leur enjoint, en guise de rattrapage, de couver leurs enfants quand elles sont à la maison et surtout à les servir. En vacances, j'ai vu dernièrement avec stupéfaction une femme socialement considérée comme une superwoman servir son fils de vingt ans qui s'était réveillé trop tard pour assister au déjeuner commun.

Mais revenons en cuisine. Il faut, bien sûr, parler des grands-mères. Parmi celles qui savent faire la cuisine, les femmes de tous âges que j'ai récemment questionnées ont toutes appris avec leur grand-mère. Pas tant des recettes qu'un savoir-faire qui n'est dans aucun livre. À ce sujet, j'ai un souvenir personnel très vivace. Ma grand-mère faisait admirablement la cuisine. Ce n'était pas du tout ce qu'on mange aujourd'hui, mais plutôt une cuisine du temps où les réfrigérateurs étaient rares et où la nourriture devait se conserver sans : pâtés de légumes ou de viande meilleurs au bout de deux jours, quatre-quarts savoureux, toujours différents. Elle m'a tout appris mais ne suivait jamais de recette. Vers onze ans, je me suis rendu compte qu'elle ne serait pas éternelle car elle était très malade. J'ai donc entrepris de lui demander de me raconter son savoir-faire pendant que je prenais des notes. Mon frère est intervenu en m'engueulant comme si je lui volais son héritage, alors qu'il était justement question de transmettre cet héritage. Sa domination était totale, je me suis arrêtée, et ma grand-mère est morte. Heureusement, ma mère avait elle-même quelques recettes. Puis, elle et moi en avons acquis de nouvelles dont nos amis savent profiter.

Parce que la cuisine est liée aux souvenirs d'enfance, à l'édification de la féminité pour les filles, de la masculinité pour les garçons, les parents d'aujourd'hui ont un véritable devoir de transmission auquel ils ne devraient pas se dérober tant vis-à-vis des filles que des garçons. Si les garçons ont la réputation de laisser la cuisine en désordre, c'est bien que leur mère a toujours été là pour ranger derrière eux !

La confiance en soi

« Je n'ai pas confiance en moi ! » Combien s'en plaignent ? Pas la moindre statistique en vue, mais ils sont nombreux. Que signifie « se faire confiance » ? Interpréter ses propres sensations ou suivre son propre raisonnement sans avoir besoin de recourir systématiquement à l'assentiment d'un tiers. Et aussi être capable de ne pas changer d'avis si ce tiers n'est pas d'accord avec soi, quand on sait qu'on a raison.

À la lumière de mon expérience avec les nourrissons, je pense que nous avons tous eu des expériences très précoces de perceptions internes ou externes qui n'ont pas été codées, c'est-à-dire associées à des paroles. Elles sont restées en l'air, donnant une sensation de chaos ou de vide, à moins, fait plus grave, qu'elles n'aient été désavouées. C'est peut-être l'origine du manque de confiance.

Pour être plus claire, je dois faire un détour par l'action du langage sur le corps du nourrisson.

On connaît expérimentalement les conséquences de l'absence de langage : au XIIIe siècle, Frédéric II se posait la question de savoir en quelle langue parleraient des enfants qui n'auraient jamais entendu parler. Non seulement ils ne parlèrent pas, mais ils sont tous morts malgré des conditions matérielles correctes. Certaines situations moins cruelles n'aboutissent pas à la mort, comme celle des enfants sauvages, qui peuvent s'adapter à leur environnement pour survivre, mais ne parlent pas.

Admettons maintenant qu'une communauté sociale existe mais que, pour diverses raisons, tel nourrisson soit exclu de toute communication (les orphelinats de Roumanie ou les enfants du placard). Qu'observe-t-on ? Des enfants stimulés uniquement par eux-mêmes ou par la moindre modification de leur environnement : rai de lumière, vol d'une poussière, leurs propres mains, le balancement de la tête, souvenirs hallucinatoires de l'époque antérieure déjà connue, la période fœtale.

Dans des conditions moins exceptionnelles, le cerveau du nourrisson passe son temps, en recevant des stimulations de l'extérieur et de l'intérieur, à faire du lien, des correspondances, des classifications, du sens. Le fait que son cerveau soit relié intimement avec son corps lui permet d'exprimer ses émotions par des manifestations biologiques (accélération du rythme cardiaque, augmentation de la température, rougeurs, etc.). L'activité symbolique présente dès la naissance se traduit par les fonctions corporelles. Cela dure toute la vie, mais, une fois acquis, le langage prend le dessus (ou devrait prendre le dessus). Pour le nourrisson, la parole d'un tiers qui nomme ce qui se passe – en jouant, en câlinant, en expliquant – apparaît comme un organisateur capable de mettre en place, de modifier, de déplacer les conditions de fonctionnement du corps biologique et donc du psychisme. Elle permet à l'enfant de donner un sens à ses perceptions dont l'exploration est en plein essor.

Le chaos paraît être une souffrance bien supérieure au fait de savoir qu'on n'a pas encore les moyens de comprendre. En clair, il est moins nocif de dire à un enfant : « Tu comprendras plus tard » que de ne rien dire du tout.

En tant qu'adulte, il est difficile de se représenter ce sentiment d'incompréhension et d'étrangeté ressenti dans la toute petite enfance et oublié depuis. Il y a quelques circonstances qui s'en rapprochent, par exemple quand, pour la première fois, on entend un discours qui n'est pas lié à une personne qui parle : c'est le cas à la télévision lorsqu'une voix off commente des images ou quand on coupe le son en continuant à regarder l'image ; au cinéma, lorsqu'un film est mal doublé, les mots ne correspondent pas à l'articulé de la bouche et cela donne une sensation bizarre. Ce sentiment d'étrangeté disparaît dès que quelqu'un prend la peine de donner une explication. Toutes proportions gardées, chez un nourrisson ayant des sensations et des perceptions désagréables et incompréhensibles, la parole vraie émise par une vraie personne code, donne un sens, relie, met de l'ordre, remplit, apaise. Il est surprenant de constater, surtout chez le nourrisson mais aussi chez les enfants plus grands (et même les adultes...), que le plaisir d'organiser ses sensations et de leur donner un sens, prime, et de loin, sur l'horreur éventuelle des choses que l'on aurait à dire pour expliquer le malaise.

La non-concordance entre le langage et la perception est probablement une des situations les plus angoissantes qui puisse arriver à un être humain, surtout avant la maîtrise du langage : lorsque rien n'est dit, l'enfant ressent du chaos ou du vide, mais, lorsqu'on dit une parole fausse, il s'organise autour de cette parole désavouant ses perceptions qui, elles, sont justes. Un enfant jeune n'a pas la possibilité de mettre en doute la parole de l'adulte. C'est lui qu'il va mettre en cause, et toujours à ses dépens.

Certains, les plus sensibles, en gardent une fragilité qui se traduit par ce fameux manque de confiance. On ne peut pas se faire confiance si, dans l'enfance, personne ne vous a jamais confirmé ou aidé à comprendre que ce que vous ressentiez était la conséquence de telle ou telle chose. Il en résulte une impossibilité partielle ou totale à faire du sens, ou plutôt une crainte, voire une phobie à lier ses perceptions tout seul. Celui qui manque de confiance continue d'attendre qu'un adulte mette des mots justes sur ce qu'il ressent ou perçoit. Avoir confiance en soi implique de pouvoir oser se tromper sans en être brisé, de vivre l'erreur comme une expérience, une ouverture permettant de se faire à nouveau confiance en réorganisant différemment les choses.

Il y a des découvreurs qui sont des fondateurs au sens où, après leur découverte, la perception du monde ne peut plus être comme avant ; je pense à Galilée, Copernic, Pasteur ou Freud. Ces découvreurs sont des personnes qui ont suffisamment confiance dans leur pensée, soutenue par leur travail expérimental ou purement conceptuel, pour imposer sans tyrannie au reste de l'humanité une organisation nouvelle de l'infiniment grand ou de l'infiniment petit. Ils ont des capacités supérieures à faire du sens avec des éléments qui, pour d'autres, ne sont pas perçus ou restent non liés.

Mais l'être humain ne peut faire du sens tout seul. Il s'agit toujours de faire du sens pour ou avec un autre.

Même les grands découvreurs ont besoin, pour transmettre leurs découvertes, qu'au moins un parmi leurs pairs adhère à leur pensée.

Il faut aussi avoir du bon sens : de ceux qui dépassent les bornes du sens, on dit qu'ils délirent. De ceux qui ne donnent pas assez de sens ou pas le sens qui convient, on dit – parfois trop hâtivement – qu'ils sont bêtes.

Tous malades mentaux

Un enfant ou un adolescent sur huit souffre d'un trouble mental, selon une expertise de l'Inserm [1] largement relayée par les médias ! Je n'ai pas compétence d'expert, mais en tant que praticienne de la pédopsychiatrie, je subis directement les conséquences d'une telle annonce. Elles ne sont pas minces. J'avoue ne pas avoir encore lu cette étude de neuf cents pages mais je me suis procuré le dossier de presse qui la résume.

Qu'est-ce qu'une expertise collective ? Selon le dossier de presse, pour répondre à une question posée par les pouvoirs publics ou le secteur privé, l'Inserm réunit un groupe composé de scientifiques et de médecins qui analysent la littérature scientifique internationale et en font la synthèse. Fort bien. On imagine déjà l'abondance et la disparité des sources, mais on imagine aussi que nombre d'articles ne traitent pas directement de la question posée, qui n'est d'ailleurs pas clairement formulée. J'ai

1. *Troubles mentaux, Dépistage et prévention chez l'enfant et l'adolescent*, Éditions Inserm, 2002.

compris qu'il s'agissait des troubles mentaux chez l'enfant et l'adolescent, sans plus de précision.

Qu'est-ce qu'un trouble mental ? J'ai envie de répondre : c'est ce qui fait l'objet d'une étude analysable par des experts. En effet, la liste produite par le rapport laisse les praticiens que nous sommes rêveurs. Vous allez voir pourquoi : « Qu'il s'agisse d'autisme, d'hyperactivité, de troubles obsessionnels compulsifs, de troubles de l'humeur, d'anxiété, d'anorexie, de boulimie ou de schizophrénie, ces troubles peuvent avoir un retentissement considérable sur le devenir de l'enfant. » Certes.

Même si vous n'êtes pas expert, ne trouvez-vous pas curieux de mettre dans le même sac l'autisme, maladie rare et particulièrement grave touchant moins d'un pour cent des enfants, et l'anxiété, que l'on ne pense pas spontanément à qualifier de « trouble mental », car aucun être humain n'y échappe ?

Les troubles obsessionnels compulsifs, rare trouble psychique qui se voit à l'œil nu, sont un sujet idéal pour la télévision. Chez Jean-Luc Delarue, notre grand expert, il est sidérant, pour ne pas dire choquant, de faire d'un comportement un spectacle en se servant d'enfants qui souffrent. Plus grave : ceux dont le métier est de faire du sens en remettant le symptôme dans une histoire familiale singulière – les psychanalystes pour ne pas les nommer – sont stigmatisés par d'autres spécialistes, dont il ne nous est pas apparu que leurs traitements soient des plus efficaces.

Mais revenons à l'expertise.

Au regard de cette liste inquiétante par son éclectisme, je voudrais dire que dans les centres de consultation pédopsychiatrique où consultent la majorité des enfants français (car il en existe dans toute la France et ils sont gratuits), ce n'est pas du tout ce que nous voyons. Les troubles mentaux cités par les auteurs sont les plus rares. Cela ne nous empêche pas de les connaître. Est-ce à dire que si les psychiatres de ces centres publiaient leurs études (ce qu'ils ne font pas pour la grande majorité d'entre eux), ce ne serait pas un enfant sur huit mais un sur trois ou un sur deux qui serait déclaré atteint de trouble mental ? Eh bien, justement non. Parce que le développement psychique normal d'un enfant le fait passer, selon son âge et les circonstances de sa vie, en s'y attardant plus ou moins, par tous les troubles mentaux possibles. Je vous en épargnerai la liste.

Si une statistique était faite après la première consultation, cent pour cent des enfants seraient déclarés atteints de troubles mentaux. Or que nous apprennent les consultations suivies ? La plupart du temps, c'est pour exprimer sa bonne santé psychique que l'enfant présente des symptômes. Le malaise est familial, social ou scolaire. L'enfant l'endosse comme il peut et nous tentons de le dénouer avec plus ou moins de bonheur et de rapidité.

Il ne faut jamais oublier qu'un enfant seul, ça n'existe pas. Pas plus qu'un symptôme isolé. Un enfant vient avec son histoire familiale, si ce n'est ses parents en personne. Son symptôme (quel qu'il soit, même et peut-être surtout s'il s'agit d'une maladie répertoriée dont la cause est connue) s'est inscrit dans cette histoire. Ce ne sont certainement pas les généticiens qui me démentiront.

Prenons l'hyperactivité. Elle existe puisqu'elle a un traitement qui a pour nom Ritaline. Pendant plusieurs années, les pédopsychiatres français les plus réputés ont vaillamment résisté à l'extension de la prescription massive de la Ritaline telle qu'elle est pratiquée aux États-Unis. La pression des laboratoires et parfois celle des parents paraissent maintenant irrésistibles. Dès qu'une émission de télévision traite de ce sujet, les appels affluent. Qui voyons-nous arriver ? Des petits garçons que leurs parents diagnostiquent comme « hyperactifs car ils sont comme ceux qu'ils ont vus la veille à la télé ». Il est absolument exceptionnel que cet enfant terrible mette à sac le bureau ou même ne tienne pas assis. Le plus souvent, il reste très calme pendant une longue consultation, écoutant et dessinant s'il le souhaite. Les parents veulent le médicament tout autant qu'ils le redoutent d'ailleurs. Mais quand l'entretien se prolonge, il n'est pas rare de retrouver que cet enfant qui bouge tout le temps, ne se concentre jamais, aux dires des maîtresses, a vécu dans sa toute petite enfance une expérience limite où sa vie a été en danger, expérience oubliée ou jamais racontée. Pour ces enfants-là, bouger est synonyme de vivre. Quand ils sont immobiles, ils sont comme morts, et c'est ce qu'ils viennent dire.

Ne croyez pas pour autant que je ne prescrive jamais de Ritaline. Elle a ses indications, mais elles sont moins fréquentes qu'on veut nous le faire croire. Et surtout, un traitement médicamenteux, quel qu'il soit, chez l'enfant comme chez l'adulte, ne dispense pas d'envisager la personne comme un tout, sans la réduire à son symptôme, lui-même réduit par le médicament.

Parmi les recommandations des experts, il y en a une que je voudrais leur renvoyer. Ils prescrivent « une accélération du transfert des derniers résultats de la recherche à la pratique clinique des pédopsychiatres ». Pas de doute : nous devons continuer à nous former et, pour la plupart, nous le faisons. Mais il y a un certain nombre de choses que nous savons depuis des années, qui, hélas, ne coûtent rien, n'engagent aucun laboratoire et n'ont eu, elles, pratiquement aucun effet, ni sur les chercheurs ni dans les institutions. Exemple que je prends bien sûr dans le catalogue des troubles mentaux : l'angoisse de séparation. Nous en voyons beaucoup. Outre les problèmes familiaux que je ne néglige pas, la très grande majorité des institutions qui accueillent les enfants ne se préoccupent en rien de la prévention de l'angoisse de séparation. Cela commence dès la maternité, où nombre de nourrissons sont indûment séparés de leur mère, et se poursuit à la crèche, à l'école et à l'hôpital. Je ne dis pas que les mères ne doivent pas se séparer de leurs enfants, ce qui les renverrait dans leur foyer et arrangerait bien certains. Mais il y a des séparations inutiles, et surtout des séparations mal faites. Or on sait ce qu'il faut faire : il faut parler aux enfants de ce qui leur arrive, du pourquoi et du comment. Ça ne se mesure pas, ça ne se publie pas, ça ne se montre pas à la télévision, mais ça s'apprend et ça se met en pratique.

Un dernier point concerne tous les professionnels de la petite enfance : en lançant dans la presse le résultat de cette étude dont les recommandations touchent essentiellement le ministère de la Santé et non le grand public, nos consultations ont explosé. Nous sommes depuis plusieurs années – et, je le crains, encore pour longtemps – dans une situation de pénurie assez catastrophique. Est-il raisonnable de faire attendre une famille six mois avant d'avoir un rendez-vous ? Je ne le crois pas. Nous savons travailler en réseau et faire des diagnostics précoces, mais ensuite nous n'avons pas les moyens de suivre les enfants et leur famille suffisamment souvent. Sans parler de leur trouver des établissements spécialisés. L'attente peut durer un an, voire davantage.

S'il y a un médicament pour gérer la pénurie, je suis preneuse. Que nos experts nous le fassent savoir. À la télévision ou par voie de presse, ça ira plus vite !

Une enfance heureuse

Quand un livre commence par « J'ai vécu une enfance heureuse », on peut s'attendre au meilleur comme au pire, car le bonheur est rarement un bon sujet de roman. Le pire arrivant tout de suite, on est vite rassuré.

Rapport sur moi[1] est un livre dont le titre a le double mérite d'être excellent et de correspondre au contenu. Grégoire Bouiller, l'auteur, parle donc de lui, mais ce n'est pas tant un récit qu'un *rapport* : en mettant les mots, les événements, les émotions en rapport les uns avec les autres, le récit devient signifiant.

Un seul exemple pour ne pas déflorer le plaisir de la lecture et l'humour du récit : placé en quarantaine à l'âge de quatre ans pour une grave maladie infectieuse, l'auteur en sort guéri, mais persuadé qu'il n'aura de vie qu'après quarante ans. Il survivra jusque-là et commencera à vivre, comme prévu, à quarante ans. Ce dont témoigne ce premier livre écrit après le cap fatidique.

Quand on découvre que son existence est structurée par le langage – c'est l'auteur qui parle et non Jacques

1. Grégoire Bouiller, *Rapport sur moi*, Allia, 2002.

Lacan –, le récit ne peut pas se dérouler de façon chronologique, linéaire, mais par associations. Comme je lis souvent plusieurs livres en même temps, il m'arrive, à moi aussi, de faire des rapports. J'ai trouvé dans *Sur le jadis* de Pascal Quignard[1] deux phrases qui, à elles seules, résument le livre de Grégoire Bouiller. Voici la première : « Savoir qui est son père est quand même un plaisir quel que soit son père. » Bouiller, lui, a besoin de plus d'une phrase pour expliquer qui est son père : « Là-bas, ils s'aimèrent (il s'agit de ses parents). Et plutôt trois fois qu'une, puisqu'un interne de l'hôpital de Tizi-Ouzou tomba sous le charme de ma mère qui n'en manquait pas ; bientôt il devait se joindre à leurs ébats ; c'est lors d'une de leurs parties à trois que je fus conçu. »

Autre rapport avec Pascal Quignard : « Même quand on erre on ne se dirige pas au hasard. On va où le perdu attire. On se précipite. Toute femme, tout homme se précipitent où ils se sont perdus. »

Grégoire Bouiller raconte exactement comment, tout au long de sa vie, il a erré, pas n'importe où, et s'est précipité où le perdu l'attirait. C'est précis, plein d'humour, cruel parfois ou plutôt cru, sans pathos mais généreux.

Freud a dit que la psychanalyse servait à échanger la misère hystérique contre le malheur banal ; on peut en dire autant (parfois) de la littérature. *Rapport sur moi* a bien des points communs avec une psychanalyse ou plutôt avec le récit de quelqu'un qui a terminé son analyse : il n'est pas forcément plus heureux, mais ne peut plus ignorer pourquoi il a mené sa vie amoureuse et profes-

---

1. Pascal Quignard, *Sur le jadis*, Grasset, 2002.

sionnelle d'une façon et non d'une autre. Bien que ses parents jouent un rôle majeur, ils ne sont ni coupables ni responsables de tout. Ils sont comme ils sont : pas clairs, choquants, perturbants, source des plus grandes émotions pour le meilleur et pour le pire. Avec ou sans analyse, c'est ce que l'on devrait arriver à penser de ses parents, si l'on ne veut pas en être encombré toute sa vie.

La recherche des rapports n'est pas tant une recherche de vérité qu'une reconstruction, quels que soient les faits. En littérature comme dans la vie, certains ont la grâce. Grégoire Bouiller et Pascal Quignard sont du nombre.

Victimes télévisées

Il faut parler. Partout où c'est possible, toute personne ayant subi un traumatisme collectif, un tremblement de terre, un attentat ou une prise d'otage bénéficie d'un soutien psychologique. On recommande vivement aux victimes d'un traumatisme individuel (viol, agression) d'aller « en parler ». Idem pour les enfants et les adolescents, surtout lorsqu'il s'agit de maltraitance. Or les psys n'ont pas le monopole de l'écoute des victimes. Ils sont largement concurrencés par la télévision. Est-ce la même chose de parler à un psy ou à la France entière ?

Lorsqu'une personne parle à un psychanalyste, ou à une personne qui l'écoute avec empathie, elle n'est jamais réduite à son traumatisme, même si elle consulte à cause du traumatisme. Chacun inscrit cet événement dans son histoire passée, présente et future en acceptant de la partager.

À la télévision, la victime expose les faits, et si possible rien que les faits, à un présentateur entouré d'un public et de l'inévitable « spécialiste », en réalité à des millions de spectateurs. La personne est totalement identifiée à son témoignage ; elle n'est plus victime *de* quelque chose, elle est victime.

Suit ce que j'appelle l'effet « reine d'un jour » (du nom d'une ancienne et célèbre émission de Jean Nohain, au tout début de la télévision). Cet effet secondaire (qui n'est pas forcément un bénéfice secondaire) est un semblant de notoriété consécutif au passage à la télévision, ici grâce au récit du traumatisme. Pour rester quelqu'un, il faut s'identifier à son image, si ce n'était déjà fait.

De même qu'un traumatisme identique n'a pas les mêmes conséquences chez l'un ou chez l'autre, de même l'effet médiatique ne sera pas le même pour tous. Toutes proportions gardées, les personnes ayant une « image » (acteurs, mannequins, présentateurs de télévision, sportifs etc.) ne forment pas un groupe homogène, sauf qu'elles sont à l'origine de leur image, même si elles finissent par s'en plaindre. Tel n'est pas le cas des enfants et adolescents recrutés – hélas parfois grâce à des médecins – pour raconter une expérience très privée mettant en cause des parents ou des proches.

Avec un enfant maltraité, le plus difficile est de se garder d'assimiler les parents à leurs actes, car il doit conserver la fierté d'être en vie et d'avoir été engendré par ce père et cette mère (surtout si, en apparence, ceux-ci n'ont fait que cela de bien !). Si les personnes qui écoutent l'enfant stigmatisent les parents, ils remettent de fait en cause la valeur de l'enfant.

Ce travail d'explication mené avec beaucoup de difficultés auprès des services sociaux qui ont pour mission la protection de l'enfant est, par définition, impossible auprès du public d'une émission de télévision. Or ce public juge – pourquoi s'en priverait-il ? –, il juge vite, sous le coup de l'émotion, sans trop réfléchir, d'autant que ce jugement paraît sans conséquence. Il juge aussi définitivement.

La victime, qui a désigné ses parents comme coupables de l'avoir maltraitée, tire une certaine notoriété de son témoignage. Elle se trouve ensuite contrainte de s'identifier à ses déclarations et à son image. Et cette image est celle d'un enfant de salauds. Est-il encore possible que le temps fasse son œuvre ? Je ne le crois pas.

Admettons, puisque certains le disent, que telle ou telle victime soit attirée par cette fixité et en ressente des bénéfices immédiats.

Le témoignage télévisuel n'en est pas moins dénué d'effets pervers : en écoutant les « victimes », toujours émouvantes, parfois maladroites, on a l'impression que même si ça fait mal, et parfois très mal, on peut toujours parler. J'ai même entendu l'actrice Carole Bouquet, à qui l'on ne peut reprocher de s'investir dans la défense de l'enfance maltraitée, affirmer avec aplomb qu'il était incroyable qu'un psychologue ne se soit pas aperçu que tel enfant était maltraité. La réalité est bien différente – et peut-être n'est-il pas inutile de la dire crûment. Les psys que nous sommes sont très bien avertis de la réalité de la maltraitance. Ça n'a pas toujours été le cas, mais maintenant, on peut aller jusqu'à dire que nous ne pensons qu'à ça devant tout symptôme, même le plus banal. Mais, dans un nombre non négligeable de cas, nous n'avons aucune confirmation, car les enfants n'en parlent pas, ni avec leurs mots, ni avec leurs dessins, ni par leur comportement, pendant des mois. C'est encore plus frappant quand nous les recevons après que les faits ont été découverts et des mesures de protection prises. L'enfant sait que nous savons parce que nous le lui disons. Il faut parfois des mois, voire des années, pour qu'en psychothérapie il puisse enfin en parler.

Après avoir si longtemps stigmatisé les enfants qu'on ne croyait pas, faut-il maintenant stigmatiser les psys qui ne sauraient pas les faire parler ? Affirmer que tout témoignage, quelles qu'en soient les conditions, est forcément thérapeutique évite fort à propos de s'interroger sur ses conséquences.

Finalement, à quoi sert de parler d'un traumatisme ? Paradoxalement, à oublier. Les traumatismes dont on ne parle pas sont refoulés dans l'inconscient ; ils cherchent par les moyens les plus biscornus à réapparaître dans le conscient de façon masquée, difficile à décrypter, car ils sont déconnectés de leur source. Pour oublier, il faut avoir su et, pour savoir, nous ne pouvons pas faire mieux que de nommer. Mais il faut aussi que quelqu'un vous écoute.

Quand il concerne des problèmes intimes, le témoignage brut, tel qu'on le voit à la télévision, m'apparaît comme l'échec d'une véritable écoute, une sorte de passage à l'acte désespéré, et cela me fait toujours un peu honte.

Folles de minceur

« Comment rendre les femmes folles ? » C'est le titre que tous les journaux féminins devraient donner à leur numéro annuel, celui qui paraît-il se vend le mieux, « Spécial maigrir, la nouvelle attitude » dans *Elle* ou « Mincir avec plaisir » dans *Le Figaro Madame*.

Dans les années 1970, l'école de Palo Alto a lancé la théorie du *double bind*, en français la « double contrainte ». Il s'agissait de montrer que les enfants devenaient fous quand ils étaient soumis de façon itérative à une double injonction contradictoire. Le film de Ken Loach, *Family Life,* sorti en 1971, en était une illustration, montrant comment une famille moyenne, gardienne des valeurs traditionnelles, rendait sa fille Janice complètement folle en la soumettant précisément à ces injonctions contradictoires. On ne parle plus guère du *double bind* – en toutes choses, même en psychiatrie, il y a des modes.

Justement, c'est la mode qui m'y a fait repenser. Si vous n'avez pas bien compris ce qu'est le *double bind*, le journal *Elle* m'offre l'occasion de vous en faire la démonstration.

Le titre, « Spécial maigrir », annonce la couleur on ne peut plus clairement. Le sous-titre dit le contraire : « Mieux vivre son corps, à son rythme ». Il ne s'agit plus de s'imposer de maigrir mais plutôt de s'accepter comme on est, à son rythme, en « écoutant » ce que le corps vous dit et non en lui imposant un idéal par définition impossible à atteindre.

Troisième injonction censée harmoniser les deux autres : « Corps et mental doivent se mettre d'accord pour nous aider à trouver notre silhouette d'équilibre ». Très bien, docteur, mais comment fait-on ?

Eh bien, c'est simple, on revient à l'injonction initiale « Spécial maigrir » proposant des « suggestions de régime adaptées à chaque âge et à chaque mode de vie » !

Autre exemple au chapitre « Forme ». Le titre, « Personnalisez votre programme », paraît indiquer que, quelle que soit son apparence physique, on peut (on doit ?) en tirer le meilleur parti. Démenti cinglant en sous-titre : « Vous rêvez des hanches de Halle Berry » (qui personnellement m'avaient échappé...) ou « des bras de Madonna » (que je regarderai mieux la prochaine fois). Ou je suis idiote ou l'on me propose de devenir en pièces détachées quelqu'un que je ne serai jamais. Mais puisqu'il s'agit de rêver, rêvons : « Notre gym sur mesure adaptée à votre morphologie et régulièrement pratiquée vous offrira une nouvelle silhouette pour longtemps. »

Passons aux travaux pratiques : comme ni vous ni moi n'avons la silhouette idéale dont nous rêvons, la gymnastique sur mesure vise d'abord à stigmatiser nos défauts pour mieux les corriger, afin d'accéder à cette fameuse silhouette idéale. Ces défauts dessinent la fameuse silhouette : « hanches larges, épaules étroites », « bassin étroit, buste enrobé », « taille fine, culotte de cheval », jambes en poteau, grosses fesses, ventre mou. Berk ! Que d'efforts à accomplir pour mettre en accord une tête rêveuse et un corps qui va avoir du mal à suivre. De même qu'on ne dit plus « sourd » mais « malentendant », la gymnastique s'appelle maintenant « activité cardio-vasculaire ». La conclusion sentencieuse de ce programme personnalisé est hilarante : « Si ce régime vous fatigue trop, diminuez le rythme des activités cardiovasculaires. » Je suppose que cela entre dans le rayon « Mieux vivre son corps, à son rythme ».

Donc, admettons que vous soyez fatiguée. On vous propose une autre solution « Spécial maigrir » : « S'offrir une cure de massages est la plus luxueuse et la plus relaxante et aussi la moins fatigante des solutions pour mincir. »

Quatre techniques ont été sélectionnées, mais surtout testées par les journalistes qui ont sûrement passé un bon moment gratuit pour vous recommander des séances fréquentes à soixante euros l'une. Cela vaut de s'extasier sur le Cellu M6 devenu le Cellu M6 keymodule (késako ?). Précision époustouflante : la kiné, elle, voit tout de suite ce qui cloche, même un problème veineux profond invisible à l'œil nu. Bravo la kiné !

Suite du programme : « Comment font les stars ? » Si vous n'avez pas renoncé à être comme Naomi Campbell ou Jennifer Lopez, le plus simple n'est-il pas de savoir comment elles font, elles, pour être comme elles sont ?

C'est très simple : elles ont réinventé la fonction « maman » incarnée par le coach. Évidemment, c'est plus cher qu'une maman, car c'est vous qui l'invitez à déjeuner pour qu'il vous apprenne à manger. Si vous êtes très très connue, vous pourrez l'appeler jour et nuit pour lui demander si vous pouvez manger une cerise à quatre heures du matin en buvant un soda : avant ou après la cerise, le soda ?

Il y en a qui préfèrent la fonction « papa ». Elle consiste à se faire torturer tous les jours, pendant une heure voire davantage, par des séries d'exercices de musculation avec haltères suivies de tapis de course, le tout enchaîné sans pause. Là, pas question d'être fatiguée !

Dans le style « papa + maman », citons le Yoga Center de New York où la séance « implique le corps dans sa globalité avec un objectif d'endurance ».

Et quand elles n'ont plus besoin de papa ni de maman, que font les stars ? Du « cardiostriptease ». Je suppose qu'on jette ses kilos avec son soutien-gorge.

Ma mère, une sage, me répétait souvent que la sensibilité à la flatterie n'avait pas de borne : plus la flatterie est grossière, plus le flatté se rengorge. Mais dans le domaine de la minceur, c'est la crédulité qui est sans borne.

En lisant, dans *Le Figaro Madame*, la rubrique « Crèmes minceur, elles vont vous étonner », j'ai d'abord cru qu'il s'agissait d'un article humoristique traitant justement de la crédulité. Mais c'était du sérieux : « Grâce à ses travaux sur l'aromachologie, Shiseido a trouvé une composition parfumée qui agit sur la combustion des graisses via le système nerveux. La marque a déjà vendu 1,7 million de flacons en Asie. Le matin, ce gel à effet glaçon a un effet starter. » À part l'effet glaçon que j'ai du mal à imaginer, ça s'appelle du café. Personnellement, je préfère le liquide à la crème.

Autre exemple : « Top-modèle de Jeanne Piaubert n'est pas un amincissant à proprement parler mais un resculpteur de silhouette qui déplace la graisse des cuisses vers les seins (un rêve, vous dis-je). Le nouveau soutien-gorge n'est pas fourni (en vente en avril) ».

Enfin, miracle des miracles : « Les crèmes amincissantes agissent sur les récepteurs des cellules graisseuses pour en faire sortir la graisse ou l'empêcher d'y entrer. Body-déclic de Phytomer fait tout ça mais en plus essaie de stopper la formation des cellules graisseuses elles-mêmes. »

Moi qui avais appris, pendant mes études de médecine, qu'aucune crème, hormis de rares exceptions, ne pénétrait la barrière de la peau, je suis largement dépassée. Le plus drôle, c'est que plus loin, la rubrique où la journaliste se moque de sa propre crédulité existe bien. Mais les annonceurs cités ne doivent pas faire beaucoup de publicité dans le journal, sinon ils seraient dans la rubrique sérieuse.

À la sociologue Dominique Mehl qui vient de se pencher sur la manière dont les psys prennent la parole dans les médias, je suggère une étude sur la manière dont les nutritionnistes prennent, eux aussi, la parole dans les journaux féminins. Ceux qui n'y figurent pas sont vraiment de vilains petits canards, car il suffit d'avoir fait maigrir une seule personne connue et d'en avoir fait un livre (cosigné de préférence) pour être sollicité.

Chacun a sa technique et les diktats pleuvent : pour ne pas regrossir, il faut se prendre en main et faire preuve de volonté, dit l'un ; pas d'amaigrissement sans régime, dit l'autre, contredit par un troisième qui propose de faire maigrir sans régime.

Personne ne dit que cette spécialité surmédiatisée, très coûteuse mais qui rapporte gros, est celle qui connaît le plus fort taux d'échec de toute la médecine. Et c'est heureux d'une certaine manière. Les femmes souffrent peut-être de leur surpoids mais elles ne sont pas folles : quand on leur prescrit sous la contrainte sociale de changer d'alimentation grâce à une volonté de fer pour se conformer à un idéal de minceur, une part d'elles-mêmes se révolte. Je trouve assez navrant que les journaux féminins, qui n'hésitent plus à prendre position sur de grands sujets de société, restent aussi conventionnels et volontairement crédules. À moins que ce ne soient les enjeux financiers via la publicité qui fassent effet de censure : des charlataneries grossières sont présentées comme des vérités scientifiques ; les rares personnes qui réfléchissent sur ce sujet – dont Gérard Apfeldorfer, bien qu'il soit très présent dans les médias – sont mises sur le même plan que les autres.

À propos, il paraît que rire fait maigrir : lisez les journaux féminins, il y a bien un kilo à perdre !

La pédopsychiatrie en crise

Quatre cent quinze mille. Ils sont quatre cent quinze mille. Vous ne voyez pas de qui je veux parler ? Des enfants suivis en pédopsychiatrie, peut-être le vôtre en ce moment, à moins que ce ne soit hier ou demain. Enfin pas vraiment demain, car vous risquez fort d'attendre plusieurs mois votre rendez-vous dans un centre médico-psychologique – gratuit. Si vous voulez consulter en privé, ce ne sera pas plus rapide.

La situation n'est pas nouvelle, mais elle s'aggrave de jour en jour. Jusqu'aux États généraux de la psychiatrie, qui se sont tenus à Montpellier du 5 au 7 juin 2003, nous ressortions totalement déprimés de la plupart de nos réunions professionnelles et interprofessionnelles. Notre seul réconfort était de nous rencontrer et d'échanger nos plaintes : au moins nous n'étions pas seuls.

De Montpellier, nous sommes repartis en pleine forme. L'énorme travail de réflexion et de proposition accompli par les organisateurs et les participants, l'écho médiatique qui s'en est suivi ont remonté le moral de tous les participants, et pas seulement des médecins ; c'était la première gageure. Évidemment, on se dit

« pourvu que ça dure », c'est-à-dire que des mesures concrètes suivent rapidement : le diagnostic est fait, plusieurs traitements sont possibles, probablement conjoints, car la psychiatrie a besoin d'être réanimée en urgence.

J'avoue avoir regretté dans un premier temps que la pédopsychiatrie ne soit pas davantage prise en compte. Mais j'ai compris qu'il était préférable de privilégier le projet commun, d'autant que les chiffres parlent pour nous, révélant l'ampleur nationale du désastre que nous vivons localement. Comme nos collègues, nous connaissons la diminution drastique du nombre de lits d'hospitalisation et des postes laissés vacants par manque de remplaçants. Plus de la moitié (cinquante-sept pour cent) des secteurs de psychiatrie infanto-juvénile – ils sont trois cent vingt et un en France – ne disposent pas de structures de soins à temps complet. Parmi ceux qui en disposent, quatre-vingts pour cent ont moins de vingt lits. En pratique, cela signifie que lorsque nous devons hospitaliser un jeune en urgence, le pédopsychiatre lui-même – il n'y a pas toujours d'assistante sociale – peut passer sa journée au téléphone pour trouver une place et finir, en désespoir de cause, par saisir le juge des enfants susceptible d'imposer une hospitalisation à un service déjà surchargé. Car, lorsqu'une hospitalisation urgente est indiquée, il n'y a pas de solution alternative. Les hôpitaux de jour et autres centres n'accueillent pas les urgences. Là encore, leur nombre est incroyablement insuffisant ; un enfant peut attendre un an voire davantage pour trouver une place, quand il en trouve une, dans une institution thérapeutique adaptée, quand elle existe, et parfois fort éloignée de son domicile. Pour une simple consultation, les listes d'attente s'allongent et les équipes doivent se réunir régulièrement pour gérer la pénurie. Chacun a ses critères, mais personne ne considère normal qu'un enfant en souffrance et des parents anxieux puissent attendre plusieurs semaines voire plusieurs mois pour rencontrer un professionnel.

Parallèlement, en six ans, le nombre d'enfants suivis s'est accru de quarante-neuf pour cent. Nous avons appris à nous occuper des femmes enceintes compte tenu de la fréquence et de la gravité des dépressions postnatales pour l'enfant ; nous nous occupons des nourrissons dès la naissance car nous connaissons les conséquences des dysfonctionnements précoces de la relation parents-enfant. Les enfants en crèche puis en maternelle prennent le relais, suivis par ceux d'âge scolaire, qu'il s'agisse de problèmes d'apprentissage ou de comportement. À l'adolescence, tout peut arriver, du mal-être quasi physiologique à l'entrée dans la psychose, en passant par l'augmentation exponentielle des addictions, des troubles du comportement alimentaire et des tentatives de suicide. Les dysfonctionnements des couples allant de la séparation à la maltraitance entraînent également leur lot de souffrance et de consultations.

L'enfance dite en danger dont s'occupe l'Aide sociale à l'enfance concerne, elle, trois cent mille enfants. Lorsqu'ils nous sont adressés, nous traitons non seulement les effets des dysfonctionnements parentaux mais aussi ceux des institutions chargées de protéger les enfants.

Pendant la même période, dans les services hospitaliers de soins pédiatriques, les interventions des psychiatres ont augmenté de quatre-vingt-seize pour cent en six ans, ce qui n'est pas un luxe.

Peut-être trouvez-vous exagéré d'envoyer un enfant en consultation au moindre trouble, ou pensez-vous que tout n'est pas psy. Nous nous interrogeons, par exemple, pour savoir s'il est de notre ressort de recevoir un enfant insupportable à qui les parents refusent d'imposer la moindre limite. Mais nous ne sélectionnons pas a priori les personnes qui viennent consulter et il faut du temps pour replacer un symptôme dans son contexte. Le temps, c'est finalement ce qui nous manque le plus : il faut du temps pour soigner correctement un enfant et prendre en compte son environnement ; il faut du temps pour faire de la prévention qui, pour n'être pas spectaculaire, c'est-à-dire mesurable, n'en est pas moins efficace à court et à long terme et constitue une dimension particulière à la pédopsychiatrie.

Nous avons tous accepté sans rechigner le surcroît de travail de ces dernières années tant que nous pouvions continuer à pratiquer sans céder sur nos principes, quelles que soient nos petites divergences. Au point où nous en sommes, la qualité des soins s'en ressent et c'est inacceptable.

L'administration a pris le pas sur la responsabilité soignante en considérant que la psychiatrie pouvait être gérée comme une entreprise. On ne parle plus de maladie mentale mais de santé mentale, on ne parle plus de traitement mais de services rendus, on ne parle plus de patients mais d'usagers. Nous avons peu réagi jusqu'au point où nous ne pouvons plus accepter la manière dont on nous demande d'exercer, ainsi que celle dont nous sommes considérés, à savoir comme des obstacles à toute évolution de l'hôpital.

L'écoute de la souffrance d'un sujet, sa compréhension ne peuvent se réduire à la classification gestionnaire des symptômes qui nous est imposée avec bientôt des protocoles thérapeutiques élaborés par des « experts » affiliés aux laboratoires pharmaceutiques. La plupart d'entre nous refusent de renoncer à la rencontre singulière avec l'enfant et sa famille et à la prise en compte de leur parole. Nous souhaitons continuer à nous référer à la psychopathologie qui implique une lecture évolutive des difficultés d'un enfant. La psychiatrie n'est pas une science mais elle emprunte à toutes, à condition de ne renoncer à aucune. Elle ne doit en aucun cas devenir un exercice codifié dans l'urgence, sans réflexion approfondie, sans possibilité de soins appropriés par manque de place. Nous ne nions pas pour autant avoir un devoir d'objectivation auprès des autorités de tutelle.

Nous constatons aussi le paradoxe suivant : nombre de demandes relèvent de problèmes sociaux ou éducatifs qui pourraient être pris en compte ailleurs. La psychiatrie ne peut tout résoudre et, d'ailleurs, ne le prétend pas. À l'opposé, une pathologie comme l'autisme est devenue un « handicap » et non une maladie mentale par la volonté du législateur. Ces glissements vers le social – l'autisme n'est qu'un exemple – ont pour effet de désorganiser la profession en entraînant une déspécification des soins en psychiatrie.

Aux États généraux de la psychiatrie, les participants ont témoigné d'une rare intelligence de l'écart qui se creuse entre les décideurs et les acteurs du système de soins ; d'une maturité les engageant à ouvrir le dialogue sans méconnaître les enjeux économiques et sociaux auxquels ils sont soumis. S'ils n'étaient pas entendus, on en viendrait à une déshumanisation de toute la société. Ce ne sont pas de grands mots, c'est une réelle menace.

Un féminisme anti-femmes

Quand Élisabeth Badinter quitte le XVIIIe siècle où elle sait nous entraîner avec tant d'intelligence et de grâce pour revenir parmi nous, elle jette des bombes. Son dernier livre, *Fausse route*[1], en est une.

Certains ne se sont pas encore remis des précédentes. En 1980, *L'Amour en plus* remettait radicalement en question l'universalité de l'instinct maternel. En 1992, *XY, De l'identité masculine* s'attaquait aux critères traditionnels de la masculinité[2]. Le dernier chapitre, « L'homme réconcilié », espèce encore exceptionnelle disait-elle, donnait l'espoir d'une masculinité faisant une place à une féminité jusque-là redoutée. La virilité ancestrale n'avait qu'à bien se tenir. Nous en sommes loin, vous ne trouvez pas ?

Que soutient Élisabeth Badinter dans une démonstration implacable en quatre courts chapitres ? Loin d'atteindre le rêve d'une relation apaisée et apaisante avec

1. Élisabeth Badinter, *Fausse route*, Odile Jacob, 2003.
2. *L'Amour en plus*, Flammarion, 1980 ; *XY, De l'identité masculine*, Odile Jacob, 1992.

les hommes, rien n'a vraiment changé, ce dont il est assez aisé de se rendre compte. Cependant, la superwoman des années 1980 n'est plus la figure héroïque. La figure héroïque d'aujourd'hui, c'est la victime qui se déclare sans défense. En même temps que l'on découvrait la violence faite aux enfants, le féminisme faisait découvrir la violence faite aux femmes. « La violence masculine n'a jamais été aussi clairement sur la sellette. Violence sociale et violence sexuelle ne font plus qu'un. Le coupable est pointé du doigt. C'est l'homme dans tous ses états. »

Vous n'y croyez pas ? Eh bien, vous avez tort. Quand les politiques l'affirment, il n'est pas trop difficile de rester sur ses gardes et de repérer d'éventuels amalgames. Mais quand ce sont les universitaires qui l'affirment, chiffres à l'appui que vous n'avez aucun moyen de vérifier, leurs assertions sont inlassablement reprises comme des vérités dans tous les médias. Élisabeth Badinter démontre avec rigueur que les chiffres, très élevés, concernant la violence subie par les femmes sont biaisés et ne servent à rien d'autre qu'à habiller un parti pris idéologique. Quel est-il ? Il ne s'agit nullement de ne pas condamner les violents, les pervers ou les obsédés. Hormis ces cas, c'est le principe même de virilité qui est mis en accusation.

À ce propos, les Américaines n'y vont pas de main morte. À la question : « Que faire pour éradiquer l'universelle domination masculine ? », elles répondent : il faut changer l'homme, c'est-à-dire sa sexualité parce que c'est elle qui enracine l'oppression des femmes dans le système social. Vaste programme !

De même que la maltraitance qu'exercent certains

parents a fait soupçonner tous les parents d'être potentiellement maltraitants, la reconnaissance et la condamnation légitime des abus masculins conduisent à la dénonciation inconditionnelle du sexe masculin.

Vous n'y croyez toujours pas ? C'est en Amérique, d'accord. En France, on ne s'attaque pas directement à la sexualité masculine, mais on n'hésite pas à sanctionner par la loi quand c'est possible les signes de domination masculine. Les lois récentes sur le harcèlement sexuel et moral en sont un bon exemple.

Or il y a danger, car, derrière ces discours en principe protecteurs, l'idéal maternel refait son apparition pour justifier la supériorité morale des femmes sur les hommes. Était-ce cela à quoi nous aspirions ?

J'ignore si certaines féministes dénonceront Élisabeth Badinter comme une traîtresse à la solde du patriarcat. Je ne le crois pas. Si c'était le cas, beaucoup d'autres femmes qui ne se posent pas en féministes mais vivent et travaillent harmonieusement avec des hommes et des femmes (ce qui ne veut pas dire sans conflit) viendraient à son secours. Sa démonstration sur la violence féminine leur donnerait des arguments percutants, même si elle bouscule l'idée que les femmes se font d'elles-mêmes : il n'est pas vrai, comme le soutiennent les plus éminentes féministes, que la violence féminine soit uniquement réactionnelle à celle des hommes. Les femmes ont activement participé à deux des génocides les plus abominables du XXe siècle, en Allemagne nazie et au Rwanda. Dans la vie quotidienne, des faits divers atroces mettent en scène de très jeunes filles, qui n'ont rien à envier à la violence dénoncée chez les garçons. Dans les couples et avec les enfants, les femmes ne sont pas toujours, loin s'en faut, du côté de la soumission passive. Le proxénétisme féminin existe, que l'on sache. Élisabeth Badinter en parle « parce qu'à vouloir ignorer systématiquement la violence et le pouvoir des femmes, à les proclamer constamment opprimées donc innocentes, on trace en creux le portrait d'une humanité coupée en deux peu conforme à la vérité ».

J'ai été stupéfaite de découvrir jusqu'où les féministes américaines les plus célèbres et influentes dans leur pays poussent leur raisonnement concernant la domination masculine : selon elles, l'acte hétérosexuel le plus banal est en vérité un viol ! Démonstration : la définition juridique du viol implique la pénétration. Or, dit l'une d'elles, c'est justement sur la pénétration du vagin par le pénis qu'est fondée l'hétérosexualité en tant qu'institution sociale. Il fallait y penser, mais le droit peut mener à tout quand justement il ne va pas droit dans la tête de celles qui prétendent l'utiliser à des fins... je ne trouve pas le mot : personnelles peut-être ?

Vous croyez que nous sommes fort éloignés de tels excès. Regardez bien : dans toute l'Europe, à l'unisson, à droite comme à gauche, des lois passent qui défendent les mêmes propositions : les femmes sont toujours victimes des hommes et appellent une protection particulière. C'est le victimisme. Elles sont essentiellement différentes des hommes et l'égalité des sexes exige la prise en compte de cette différence : c'est le différentialisme.

Élisabeth Badinter livre une analyse extrêmement pessimiste des conséquences de cette conception de l'égalité qui remet à l'honneur la différence biologique. On devrait finir par comprendre qu'elle se fait toujours au détriment des femmes quelles que soient les intentions avouées. Nous avons heureusement appris que ce n'est pas la biologie qui conditionne les rôles sociaux. Ce qui rassemble les hommes et les femmes n'est-il pas plus important que ce qui les distingue ?

Changer le monde, d'accord, mais changer seulement les hommes, quelle horreur ! Surtout si c'est pour en faire aussi des victimes, ce que nous voyons se profiler.

Quand j'étais petite, ma grand-mère me répétait inlassablement : dans notre famille, on ne se plaint jamais ! Fort généreuse au demeurant, elle ne plaignait pas non plus les autres, mais savait les soutenir et les conseiller. Elle aurait été horrifiée si je lui avais dit que la victimisation des femmes était un progrès.

La pédophilie

Curés, instituteurs, réseaux : la pédophilie semble devenue la principale menace qui pèse aujourd'hui sur les enfants. Fantasme ou réalité ?

Qu'est-ce qu'un pédophile ? Étymologiquement, c'est quelqu'un qui aime les enfants. Tout simplement. Mais nous l'entendons comme quelqu'un qui aime *trop* les enfants. Au nom de cet amour, le pédophile transgresse les limites entre adultes et enfants, notamment sexuelles. L'amour n'est donc pas un critère valable pour définir une relation licite entre adulte et enfant.

Les pédophiles dont on parle dans les médias à travers les faits divers et les procès sont toujours des hommes. Mais grâce à nos patients, nous savons qu'il existe une pédophilie féminine, beaucoup moins visible. Elle n'est l'objet d'aucune répression sociale et encore moins judiciaire. On n'en entend pas parler du tout. Sa définition même nécessite quelques explications.

Dans une famille, tout adulte occupe vis-à-vis d'un enfant une place générationnelle : père, mère, oncles et tantes, grands-parents, cousins. Les enfants sont aussi en contact avec les « ami(e)s des parents ». Ils n'ont pas de lien de parenté mais ne sont pas de la même génération qu'eux. Plus largement, dans la société, tout adulte occupe le plus souvent une position professionnelle vis-à-vis d'un enfant : nourrice, enseignant, médecin, commerçant, pour ne citer que quelques exemples. En famille ou dans la société, cette place réfère l'adulte à un tiers : dans la famille, la mère est référée au père, et réciproquement ; dans la société, l'enseignant est référé à l'Éducation nationale, le curé à l'Église, les amis aux parents, et le juge à la Justice. Lorsque l'adulte exclut ce tiers, il court le risque de transgresser les limites imposées par sa position générationnelle ou par son métier. Il se trouve alors en « position pédophile » vis-à-vis de l'enfant. C'est le cas d'une mère excluant radicalement tout tiers, et en particulier le père, dans sa relation avec l'enfant. C'est aussi le cas du père incestueux qui exclut la mère et séduit ses enfants. De même pour les enseignants, hommes et femmes, lorsqu'ils oublient qu'ils sont enseignants ou abusent de leur position professionnelle pour transgresser les limites imposées. Ceux qui gardent le secret quand un enfant s'est confié à eux se font leurs complices et, de ce fait, abusent d'eux.

Allons plus loin : tout ce qui annule la distance nécessaire entre un adulte et un enfant rend cet adulte pédophile, au sens où il est identifié à l'enfant et non plus au tiers séparateur. Il ne perçoit plus de différence entre l'enfant et l'adulte qu'il est dans la réalité. En ce sens, les femmes peuvent être aussi pédophiles que les hommes.

La pédophilie ayant existé de tout temps, on peut se demander, sans bien sûr le regretter, pourquoi notre société ne la tolère plus. Il existe probablement plusieurs facteurs. Le premier, même s'il paraît banal, est le suivant : notre vision des adultes et surtout des enfants a radicalement changé. Il n'y a pas si longtemps, le but avoué de l'éducation était de dresser les enfants et de mater leurs mauvais instincts. Les adultes issus de cette éducation avaient toujours raison ; ils étaient parfaits. Il était impensable de les soupçonner du moindre acte illicite envers les enfants, même (surtout ?) si quelques courageux osaient se plaindre. Les enfants étaient toujours des menteurs, les adultes jamais. Le proverbe « La vérité sort de la bouche des enfants » n'était plus valable quand les enfants osaient se plaindre des adultes.

Aujourd'hui, le but de l'éducation est l'épanouissement de l'enfant. Grâce aux psychanalystes et aux chercheurs scientifiques, on reconnaît aux enfants, dès la naissance, toutes sortes de compétences et parfois même toutes les vertus.

L'autorité des adultes, surtout celle des parents et des éducateurs, en a pris un coup. Auparavant, ils n'avaient que des droits et, quand ils en abusaient, ils n'étaient jamais sanctionnés. Maintenant, ils n'ont que des devoirs et sont placés sous la surveillance vigilante de la société au moindre manquement. Quand on observe jusqu'où peut aller la prévention de la maltraitance des parents, on voit bien qu'implicitement certains pensent que la principale menace qui pèse sur les enfants, ce sont les adultes et, parmi eux, les parents.

Le second facteur qui expliquerait la répression de la pédophilie serait une crainte diffuse de l'indifférenciation générationnelle. En luttant contre la pédophilie, nous luttons contre le fait qu'un adulte se considère comme un enfant ou qu'il considère l'enfant comme un adulte. Or nous vivons justement dans une société où l'indifférenciation générationnelle est devenue une valeur : on reconnaît aux enfants bien davantage de droits que de devoirs que l'on omet de leur rappeler ; les petites filles singent les femmes de plus en plus tôt, la transmission de certains savoirs s'est inversée quand les enfants initient leurs parents à l'informatique ou programment le magnétoscope qu'aucun adulte ne sait faire marcher. Du côté des adultes, le culte de la jeunesse et la hantise de vieillir – alors que justement on vit de plus en plus vieux – conduisent hommes et femmes à se donner éternellement les attributs de la jeunesse. Une publicité récurrente pour une marque de vêtements féminins montre des photos de couples mère-fille. Aucune des deux ne paraissant son âge, on ne sait plus qui est qui.

Ces faits de société ne sont pas mis en relation avec la pédophilie. Pourtant, quand plusieurs facteurs se conjuguent pour gommer les différences perceptibles entre les générations, on ne peut empêcher une angoisse sourde de monter, qui se traduit notamment par une revendication de normes.

Mais il faut aussi raison garder. Autrefois, c'étaient toujours les enfants qui mentaient. Ce n'est pas une raison pour dire aujourd'hui que les enfants ne mentent jamais. On ne peut à la fois reconnaître que l'enfant est un être humain à part entière et lui dénier cette faculté éminemment humaine de mentir. Pour ma part, c'est justement parce que je sais qu'un enfant peut mentir que je le crois.

Médecine prédictive

Que savent les savants des souffrances qu'ils entraînent ? des espoirs et des désespoirs ? Telle est la question de Jean Baréma pendant qu'il attend, un livre durant, les résultats d'un examen médical[1]. De son « test ». Il concerne une maladie, appelée autrefois la « danse de Saint-Guy », à cause des mouvements non coordonnés et irrépressibles de ceux qui en étaient atteints. Aujourd'hui on parle de « chorée de Huntington » du nom du médecin américain qui, le premier, a perçu l'aspect héréditaire de cette dégénérescence lente et implacable du système nerveux central, due à la présence d'un gène défectueux.

Au moment où commence le récit de Jean Baréma, sa mère en est morte, un de ses frères est atteint et l'une de ses sœurs commence à l'être. De quoi être inquiet. Depuis 1993, grâce à une simple prise de sang, on peut, quand un membre de sa famille est atteint, savoir si l'on est soi-même porteur du gène défectueux. Dans ce cas,

1. Jean Baréma, *Le Test,* Jean-Claude Lattès, 2003.

on sait que la maladie va un jour ou l'autre se déclencher. Il n'y a, à ce jour, ni traitement ni rémission.

Voici comment l'auteur décrit son frère atteint : « Il ne peut plus marcher ou presque. De son fauteuil roulant il se contorsionne, se tord, se désarticule. Il ne parle plus que pour se révolter. Cette fois contre une assistante qui s'adresse à moi plutôt qu'à lui, l'adulte en régression. »

Jean Baréma attendra cinq ans avant de pratiquer le test, aidé par des médecins que j'ai trouvés remarquables et un entourage familial qui ne l'est pas moins. Disons tout de suite qu'il ne s'agit nullement d'un propos prosélyte en faveur d'un tel test ; les mises en garde médicales sont là pour le rappeler : « La plupart des gens concernés ne passent pas le test. Peur de l'irrémédiable. Mais ceux qui le passent et se savent atteints ne se suicident pas. Ils vivent, comment dire, différemment. Mieux peut-être parce qu'ils connaissent leur destin. Ceux qui passent le test et se savent épargnés réagissent parfois moins bien que les autres. Ils se sentent coupables. Et puis c'est un vide qui s'ouvre soudain devant eux et tout d'un coup ils ne savent plus rien de leur avenir. »

La science, via la médecine prédictive, offre une réponse partielle à un fantasme universel, celui de savoir ce que l'avenir nous réserve. C'est en cela que cette situation si particulière nous touche tous.

Jean Baréma a parfaitement conscience que la maladie de Huntington et la peur qu'il en a structurent sa vie. Il va passer par tous les sentiments possibles à travers son quotidien, sa famille, son travail et ses relations. Bref, il continue tant bien que mal à vivre – et plutôt pas mal.

Mais il est impossible de ne pas voir à quel point il

est mené par son inconscient : une crise d'angoisse dix-huit ans après le décès de sa mère, au moment de l'anniversaire de sa mort, l'amène à consulter pour la première fois. Il a les symptômes d'une dépression assez banale – si tant est que la dépression soit banale –, mais la maladie de Huntington peut commencer de cette façon ; il s'interroge : « Suis-je un malade tapi sous mes apparences de bien-portant ou suis-je un hypocondriaque pétant de santé potentielle, malade simplement de ses fantasmes et de ses peurs ? » Vivant avec le grand H qu'il appelle son ami, son compagnon, son bourreau, il fera le test à l'âge qu'avait sa mère quand la maladie s'est déclarée. Quand on a perdu un parent, il est toujours angoissant d'atteindre et de dépasser l'âge qu'il avait quand il est mort.

Le père de l'auteur mourra huit jours avant l'annonce du résultat. Il s'interroge : « Y a-t-il un rapport ou un message ? » On n'en saura pas davantage et c'est bien ainsi.

Le lecteur n'a pas envie d'attendre cinq ans pour connaître le résultat du test ! La tentation est grande de jeter un œil vers les dernières pages. Je me suis retenue par respect pour l'auteur. Cette curiosité, que je trouve malsaine en l'occurrence, est pourtant la même que celle qui inspire les chercheurs scientifiques.

Les hommes ne sont pas près d'assumer de savoir ce que l'avenir leur réserve. En rêver est une chose, mais quand la science se mêle d'en apporter des preuves, elle ne fait que reculer l'incertitude sans laquelle nous ne saurions vivre, ni même peut-être survivre.

Tout n'est pas psy

En parlant l'autre jour avec un de mes chers amis pédiatres, nous évoquions, comme souvent, nos pratiques respectives. Nous sommes loin d'être toujours d'accord mais là, nous l'étions, pour constater que les psys recevaient de plus en plus d'enfants adressés par des pédiatres pour des symptômes dont le diagnostic médical n'avait pas été fait. À l'inverse, certains pédiatres s'acharnent à traiter médicalement, ou pas du tout, en temporisant, des symptômes répétitifs qui revêtent pour l'enfant dans cette famille-là une signification qu'il conviendrait de chercher.

D'où l'intérêt pour les psychanalystes et les pédopsychiatres d'avoir de bonnes connaissances en pédiatrie et, réciproquement, pour les pédiatres, de ne pas tout ignorer de l'inconscient et du développement psychoaffectif de l'enfant.

Voici quelques exemples cliniques.

Hector, deux ans et demi, m'est adressé par son pédiatre qui a décelé un trouble de la relation mère-enfant car il ne marche pas du tout. Il a même du mal à se mettre debout. Un long entretien avec la mère en présence de l'enfant m'apprend énormément de choses sur cette famille. L'enfant a une histoire compliquée, chacun de ses parents aussi. Au demeurant, pendant la consultation, il est tout à fait présent, dynamique, écoutant intensément ce qui se dit, faisant des tentatives pour se relever lorsque sa mère le sollicite. Mais, manifestement, il n'y arrive pas. Et, peut-être par manque de compréhension, je ne vois absolument pas ce qui, dans l'histoire de l'enfant, pourrait l'empêcher à ce point d'aller de l'avant. Je conseille à la mère de consulter rapidement dans un service de neuropédiatrie et de revenir me voir. Un mois et de nombreux examens plus tard, le diagnostic tombe : cet enfant souffre d'une grave maladie dégénérative de la moelle épinière ; il ne marchera jamais et, à moins d'une découverte qui n'est peut-être pas si lointaine, son espérance de vie est réduite. C'est évidemment à ce moment que les consultations avec moi se sont révélées utiles. Heureusement que je n'avais pas « marché » devant ce soi-disant trouble relationnel.

Autre exemple : une institution pour enfants m'adresse un nourrisson de six mois qu'on m'annonce autiste. Effectivement, ce bébé n'est pas en forme : totalement replié sur lui-même, très tendu, poings serrés, yeux fermés. Je n'arrive pas du tout à entrer en contact avec lui, ni par la voix ni par les caresses. Est-ce l'effet d'une séparation brutale d'avec ses parents maltraitants ? On peut le supposer, mais l'absence totale de réaction de l'enfant lorsque je lui parle de son histoire me paraît, par expérience, inhabituelle. Je m'enquiers alors plus précisément de ce qu'il a subi : ce sont des coups ayant entraîné des fractures de côtes. Est-ce qu'on a pensé à traiter la douleur ? La réponse est négative. Nous étions en l'an 2000 et cette institution avait une bonne réputation. Le bébé revu une semaine plus tard après avoir reçu un traitement antidouleur adapté n'avait plus aucun des signes supposés de l'autisme, qu'il est de toute façon assez difficile – mais pas impossible – de diagnostiquer à cet âge. Sa situation n'en était pas moins douloureuse, mais ses maux physiques avaient été soulagés. S'il le voulait bien, nous allions pouvoir commencer à travailler.

Troisième exemple, beaucoup plus fréquent celui-ci : c'est celui du nourrisson qui ne boit plus ses biberons ou mal. La plupart des psychanalystes ont des histoires de ce genre à raconter. Françoise Dolto, à de nombreuses occasions, a raconté l'histoire d'un nourrisson brusquement séparé de sa mère hospitalisée. Il s'était totalement arrêté de boire et dépérissait à vue d'œil. Parce que cela correspondait à son élaboration théorique sur la régression, elle avait eu l'idée de demander que l'on entoure le biberon d'un linge ayant l'odeur de sa mère, et l'enfant s'était immédiatement remis à boire.

Actuellement, il est assez rare que l'on puisse établir une relation de cause à effet directe entre un événement prenant valeur de trauma, comme dans l'exemple de Françoise Dolto, et le fait que l'enfant s'arrête de boire. J'ai passé quinze ans dans un service de pédiatrie où le professeur Royer, bien qu'assisté par une psychanalyste prestigieuse, Ginette Raimbault, nous assenait que tout trouble de l'alimentation chez un nourrisson devait faire l'objet d'une recherche approfondie d'un diagnostic médical. J'ai vu suffisamment de cas pour en être, moi aussi, convaincue. Dans ce service de pédiatrie très ouvert en son temps à la psychanalyse, j'ai été appelée auprès d'un nourrisson, alimenté par sonde gastrique, chez qui les pédiatres hospitaliers s'acharnaient à trouver une cause somatique. La mère m'a finalement parlé du secret qui pouvait retenir son enfant de se donner à la vie : son mari n'était pas le père de l'enfant ; elle se croyait obligée de le dire à l'enfant sans en être capable. Mais elle n'avait pas pensé que son mari était le premier concerné et qu'il s'agissait plutôt de réfléchir à ce qu'il convenait, ou pas, de lui dire pour être en accord avec elle-même.

Il y a des maladies pour lesquelles les pédiatres ont parfaitement intégré la dimension psychologique et qu'ils nous adressent volontiers tout en continuant à les suivre médicalement ; je pense à l'asthme, l'eczéma ou l'épilepsie. Mais l'existence d'un symptôme, aussi grave soit-il, ne peut constituer à lui seul une indication de psychothérapie. L'enfant ne peut ou ne veut pas toujours de la cure qui, d'ailleurs, n'est pas faite, comme on le présente souvent aux parents, pour faire disparaître le symptôme.

D'un autre côté, les enfants atteints de maladies chroniques parfois génétiques comme le diabète ou la mucoviscidose peuvent avoir besoin de rencontrer un psychanalyste sans pour autant que la maladie soit la cause de la consultation car, de toute façon, personne n'est jamais réduit à sa maladie. Mieux vaut alors que cette rencontre ait lieu à l'extérieur de l'hôpital où il est soigné.

Les pédiatres de ville et les généralistes reçoivent en premier les enfants qui manifestent corporellement des tensions internes ou externes non formulées : troubles du sommeil, maux de ventre, vomissements, infections urinaires, angines et otites à répétition. Les enfants chez qui on ne trouve « rien » ou ceux qui sont éternellement sous traitement pourraient bénéficier d'une rencontre avec un psychanalyste. Des cures souvent brèves permettent de dénouer des situations conflictuelles ou passées sous silence avant que les symptômes ne se fixent de façon durable. En ce sens, la psychanalyse peut avoir une fonction préventive.

Pédiatres et psychanalystes ne font pas le même métier, mais ils s'occupent souvent des mêmes enfants quand les symptômes touchent le corps dans sa fonction symbolique ou ses fonctions physicochimiques.

Serait-il abusif de souhaiter qu'ils acquièrent des connaissances suffisantes, non pour empiéter sur leurs domaines respectifs, mais pour que les symptômes soient à leur place sans découper l'enfant en rondelles ?

No satisfaction

No satisfaction ! Je ne vais pas vous parler de la chanson des Rolling Stones mais de Fernando Geberovich[1], un psychanalyste, qui s'occupe de toxicomanes, deux bonnes raisons à cet excellent titre de livre.

D'ailleurs, *No satisfaction* pourrait être le titre générique de tous les livres de psychanalyse et, pourquoi pas, de celui de Patrick Avrane, *Un enfant chez le psychanalyste*[2]. Ces livres sont destinés au grand public, sous réserve qu'il soit intéressé par ces sujets. Ça fait quand même du monde. Quand on lit un livre excellent, on a l'impression que l'auteur s'adresse personnellement à nous. C'est exactement ce que j'ai ressenti avec ces deux livres-là. N'est-ce pas le meilleur compliment que je puisse faire à leurs auteurs ?

Mais ils ont d'autres points communs : le premier est de témoigner, chacun à leur façon, de ce que la

1. Fernando Geberovich, *No satisfaction, Psychanalyse du toxicomane*, Albin Michel, 2003.

2. Patrick Avrane, *Un enfant chez le psychanalyste*, Louis Audibert, 2003.

psychanalyse reste vivante. Ces praticiens ont réfléchi et adapté le cadre pour répondre, avec la psychanalyse pour boussole, à une demande qui a changé de forme. Qu'y a-t-il de commun entre une hystérique rentière de la fin du XIXe siècle qui se rendait chez Freud cinq fois par semaine, la famille d'un toxicomane qui appelle Geberovich en pleine crise, et un enfant amené par ses parents dans un centre médicopsychologique pour consulter Patrick Avrane ?

Tous deux, bien que différemment, mettent en dialogue les différentes théories analytiques, tandis que leurs exemples cliniques témoignent d'une praxis qui se remet sans cesse en question.

Fernando Geberovich rappelle par exemple que, pour Freud, l'intégrité morale était une condition indispensable pour avoir accès à la cure analytique. Mais Freud était lui-même cocaïnomane. Lui, Geberovich, se réfère à Freud mais ne refuse pas de traiter les « canailles », admettant toutefois qu'il reste beaucoup à faire pour comprendre et traiter ce type de patients : il veut parler des toxicomanes délinquants qui ne sont pas pour autant des pervers ou des psychopathes. Ne rencontrant pas tous les jours des canailles, c'est le chapitre clinique qui m'a le plus intéressée. Je ne sais pas trop ce que je ferais si mon patient m'annonçait un délit grave ou un crime.

Mais qu'est-ce qu'un toxicomane, canaille ou pas ? Quelqu'un pris dans un réseau familial d'où se détache une figure maternelle (qui n'est pas forcément la mère). Jusque-là, ce n'est pas très spécifique. Cette figure maternelle entretient inconsciemment les manœuvres du sujet de sorte qu'il continue à se droguer sous les yeux de ce partenaire, fasciné et impuissant, s'angoissant jusqu'à l'insupportable. Geberovich démontre, avec un brio non dépourvu de modestie, que la toxicomanie signe le ratage du recours à la perversion, à la névrose ou à la psychose, l'impossibilité du recours à la dépression et le retournement contre soi de l'agressivité du psychopathe.

Parallèlement, la place de la drogue dans la culture révèle ce qui se déstructure et se restructure autrement dans notre société. Ce n'est pas réjouissant : nous sommes devenus ce que nous consommons, nous pouvons ce que nos prothèses nous permettent d'assumer. La seule offre d'interdit universel des adultes envers les jeunes est un acte perpétré non sur l'autre – comme l'interdit de l'inceste – mais sur soi : il est interdit de *se* droguer.

Les toxicomanes ont amené Geberovich à repenser de fond en comble le cadre et la conduite de la cure en construisant un réseau informel très mobile, très disponible, de collaborateurs exerçant les métiers les plus divers, tout en gardant quelques critères psychanalytiques sans rien d'académique. Cette description donne des ailes au lecteur. Non pour faire la même chose, mais pour s'autoriser à inventer à son tour de nouveaux cadres quel que soit le métier exercé, sous réserve d'en avoir balisé les frontières.

Quid du livre de Patrick Avrane ? J'avoue y être entrée à reculons parce qu'il est trop proche de ma propre pratique. À tort. Ce livre très clair, volontairement didactique, a pour mérite essentiel de remettre un certain nombre de choses à leur place. Par exemple, ce qu'est une psychanalyse avec un enfant, mais surtout ce qu'elle n'est pas ; ses conditions de possibilité ou d'impossibilité compte tenu des différents lieux institutionnels où pratiquent les psychanalystes, en distinguant clairement la cure de la pratique du psychanalyste. Il dit aussi que la jeunesse ne se soigne pas ; la mode ado ne peut être confondue avec des symptômes qui, eux, s'en détachent.

Patrick Avrane dénonce, à juste titre, ceux qui oublient leur propre capacité à être analyste au profit de stratagèmes dont on a, à tort, crédité Françoise Dolto en la qualifiant de « magicienne ».

Plus surprenant, venant du président de la très sérieuse Société de psychanalyse freudienne, il dénonce l'exaspération que provoquent certains livres de psychanalyse par leur constante référence aux maîtres. Ces références assurent d'un savoir, mais c'est oublier que la théorie est faite pour évoluer et non pour être transmise telle quelle. Il convient à la fois d'avoir des principes solides et de savoir s'en détacher si c'est la condition pour être psychanalyste avec tel enfant.

Selon Patrick Avrane, la seule certitude du praticien serait liée au temps : un être humain évolue, « le rapport au monde du sujet change, avec des temps de rupture, entre le moment où il est un nourrisson dépendant et celui où il est considéré comme un adulte autonome ». À travers ses cas cliniques et sa culture littéraire, Patrick Avrane est un psychanalyste engagé : engagé à faire vivre la psychanalyse et à rester lui-même vivant.

Ces deux livres sont des voyages. On n'en ressort pas forcément indemne mais plutôt modifié de l'intérieur. Lire c'est voyager en restant chez soi.

La peur

Est-ce que vous avez peur ? Moi, ça m'arrive mais je n'aime pas trop l'avouer. Pourtant, la peur comme la jalousie sont des sentiments universels. « Sentiment » n'est d'ailleurs peut-être pas le mot exact. « Sensation » peut-être ? Vous en jugerez. Quoi qu'il en soit, on n'y échappe pas, on la rencontre très tôt dans la vie, on la nomme peu. Elle conditionne individuellement et collectivement de nombreux comportements pour le meilleur et pour le pire.

Commençons par le meilleur : comme les animaux, la peur peut nous faire prendre la fuite devant un danger immédiat que justement il faut fuir. Le problème avec les petits humains, c'est qu'ils éprouvent la peur bien avant de pouvoir fuir. Ils doivent donc supporter la peur sans avoir ni les moyens physiques ni les moyens verbaux de réagir.

Qu'est-ce qui fait peur à un enfant ? Tout ce qui est inhabituel et qui n'est pas médiatisé par des mots : un bruit très fort, une lumière vive, le ton inhabituel de la voix de la mère, une attente trop prolongée. Mais quelle joie quand on est rassuré !

Pour maîtriser ces peurs-là, rien de tel que de jouer à avoir peur ou à faire peur, ou à cache-cache, ou à « coucou, le voilà ». À condition de ne pas jouer trop longtemps, ni pour de vrai, comme disent les enfants.

La peur, quand elle se fixe sur un objet particulier, devient phobie : peur du noir, peur des animaux, des araignées, des souris, des serpents... Je pourrais continuer longtemps cette énumération puisque tout objet animé ou inanimé peut faire l'objet d'une phobie.

Ces phobies sont des moyens de défense plus ou moins efficaces, plus ou moins envahissants contre d'autres peurs plus difficiles à nommer : peur de la castration, peur d'être puni pour une faute imaginaire ou réelle, peur d'être abandonné, surtout.

L'éducation par la peur, voire la terreur, n'est plus de mise aujourd'hui. Mais dans l'histoire de l'éducation, cette situation est extrêmement récente. De nos jours, on enseigne quand même aux enfants à avoir peur quand ils n'y penseraient pas : peur du gentil monsieur qu'on ne connaît pas et qui vous offre un bonbon, peur de ce qui est sale, peur des voitures qui roulent trop vite ou de la casserole d'eau bouillante. Les parents peureux enseignent aussi la peur de tomber, de se faire mal, bref, de bouger, quand ce n'est pas la peur de la relation tout court.

Les enfants apprennent aussi, dans les meilleurs cas, à ne pas avoir peur de ce qui leur fait peur : les enfants difformes, les adultes trop vieux, des dames ou des messieurs trop ceci ou trop cela, les Noirs pour les petits Blancs, les Blancs pour les petits Noirs.

À l'adolescence, mais parfois bien avant, nombre de comportements consistent à défier la peur en risquant parfois gros : en roulant trop vite, par exemple, ce qui n'est qu'une variante du franchissement des lignes jaunes ; en essayant des produits dont les adultes ont peur, la drogue, bien sûr. La peur impose des limites qui peuvent être protectrices pour soi-même et pour les autres, à condition qu'elles ne deviennent pas une prison.

Mais prétendre ignorer la peur ne me paraît pas mieux que d'avoir peur tout le temps. Dans *Bowling for Columbine*, le documentaire réalisé après que des élèves en furent venus à en tuer d'autres à la carabine dans le collège de Columbine, Michael Moore, le réalisateur, démontre la chose suivante : les Américains ont autant d'armes chez eux que les Canadiens, mais les décès par arme à feu sont beaucoup plus nombreux aux États-Unis. Pourquoi ? Parce que les Américains ont peur et sont barricadés chez eux, alors que les Canadiens n'ont pas peur. Ils le disent et le prouvent : leurs maisons sont largement ouvertes. S'ils ont des armes, c'est pour chasser les animaux, pas les voisins. La peur est extrêmement dangereuse quand on possède une arme : loin de l'écarter, elle l'impose.

Les événements du 11 septembre 2001 n'auront certainement rien arrangé : les attaques terroristes se situaient jusqu'à cette date hors du territoire américain. Maintenant, la peur du terrorisme a rejoint les Américains déjà surarmés jusque chez eux. C'est grave, car on ne peut oublier que la peur est le ciment de la dictature. Sous l'Allemagne nazie, jadis, en Irak sous Saddam Hussein, elle paralyse les esprits les plus libres.

Et nous, de quoi avons-nous peur ? Pêle-mêle, des accidents de voiture, du chômage, de l'insécurité, de la vieillesse et bien sûr de la mort. Le terrorisme a un peu modifié la donne : contre toutes les peurs citées, nous pouvons ou nous croyons pouvoir nous donner les moyens de lutter, en étant prudents, en faisant des études, du sport, en mangeant correctement, voire en ayant recours à la chirurgie esthétique, pourquoi pas ? Contre le terrorisme, nous nous sentons individuellement réduits à l'impuissance : une bombe qui ne nous est pas destinée peut nous toucher n'importe où, à n'importe quel moment.

Or la seule chose qui réduise la peur, c'est la confiance, les enfants nous le prouvent dès leur plus jeune âge.

À qui, à quoi faire confiance ? À toutes les périodes de l'histoire, les peuples ont cru à un monde meilleur, grâce à la religion et aux progrès de la science. Ce n'est plus le cas, sauf dans le domaine de la santé. Mais les laboratoires pharmaceutiques ne sont pas l'industrie la plus forte du monde. Ils sont distancés par la drogue et la pornographie.

Aux dirigeants politiques ? Mais eux, à qui vont-ils faire confiance si nous leur faisons confiance ? Aux islamistes modérés ? Ils ont toute ma considération mais leur peu d'influence ne me rassure pas.

Le philosophe George Steiner dit que la crise actuelle montre que le capitalisme garantit tout, sauf l'espoir. C'est le manque de confiance et d'espoir qui nous fait atrocement peur. Dans la prison de la peur, il n'y a qu'une solution : s'évader. En faisant confiance à la vie qui est dans nos enfants pour qu'au moins eux fassent confiance à la vie. Deviens ce que tu es ! Gardons confiance dans les valeurs porteuses d'absolu.

Je ressens un malaise

Je ressens un malaise quand des associations de soi-disant défense des enfants demandent l'interdiction d'un livre dont le héros est pédophile.

Je ressens un malaise quand Nicolas Sarkozy, ministre de l'Intérieur, est chaudement félicité pour n'avoir pas interdit ce livre après y avoir sérieusement pensé.

Je ressens un malaise quand, au sein du Conseil supérieur de l'information sexuelle, deux associations, représentant les parents gays et lesbiens et le droit à l'avortement, sont congédiées au profit d'associations familiales catholiques ou ultraconservatrices.

Je ressens un malaise quand Pascale Odièvre, jeune femme née sous X, est obligée d'aller devant la Cour européenne des droits de l'homme pour faire reconnaître son droit à connaître le patronyme de sa mère biologique et celui de ses deux frères, nés après elle et également adoptés.

Je ressens un malaise quand la direction du tout nouveau Conseil national pour l'accès aux origines personnelles est retirée aux personnes nommées par Ségolène Royal pour être confiée à ceux qui militent pour le maintien de l'accouchement sous X et l'ingérence de l'État dans l'organisation du secret de la filiation.

Je ressens un malaise devant le succès du concept de résilience cher à Boris Cyrulnik, cette capacité qu'ont certains de réussir leur destin alors qu'une enfance catastrophique laissait présager le pire. Ne pas devenir une « victime professionnelle » parce qu'on a été victime *de* quelque chose ne devrait pas contraindre à devenir un « résilient professionnel ».

Je ressens un malaise quand on veut mettre des jeunes dans des centres fermés, qui ne sont pas vraiment fermés car ce serait des prisons, mais qui le sont quand même parce que, s'ils en sortent, ils iront en prison.

Je ressens un malaise quand le ministre de la Famille, Christian Jacob, après avoir pointé le réel problème que représentent les scènes de violence aux heures de grande écoute, propose l'interdiction du porno à la télévision.

Je ressens un malaise quand les chaînes de service public, dont l'actionnaire majoritaire est l'État, ne mènent aucune réflexion visible sur la question de la violence.

Je ressens un malaise car, depuis des années, il est question d'apprendre aux enfants à décrypter les images comme on leur apprend à lire. La télévision elle-même ne remplit pas cette mission de service public en direction des jeunes.

Je ressens un malaise quand on paraît découvrir que les jeunes regardent des films porno au moment où cinq candidats à la télévision numérique proposent de programmer des films X.

Je ressens aussi un malaise quand de jeunes enfants

me racontent ce qu'ils regardent à la télé, et en famille plus souvent qu'on ne croit.

Je ressens un malaise devant le discours sur la responsabilisation des parents. Toutes les familles, quels que soient leur composition et leur milieu social, se posent le problème de l'accès des enfants à la télévision, et il n'y a pas une émission de télévision sur ce sujet.

Je ressens un malaise quand, dans une émission récente sur l'inceste, on justifie toutes les transgressions au nom de l'Amour.

Je ressens un malaise quand on invoque les professionnels de l'enfance et de l'adolescence pour renforcer l'ordre moral.

Je ressens un malaise quand j'entends dire que les emplois jeunes seront remplacés par des mères de famille et de jeunes retraités.

Je ressens un malaise quand, la même semaine, Bertrand Delanoë reçoit un coup de couteau, et une jeune fille de dix-sept ans, Sohane, est brûlée vive par d'autres jeunes.

Je ressens un malaise quand les copains de l'agresseur minimisent les faits. Sohane est morte et on n'est plus à la télé.

Je ressens un malaise parce que Patrick Henry est retourné en prison, mais ceux qui disent « Je vous l'avais bien dit » me mettent encore plus mal à l'aise.

Je ressens un malaise quand je vois Maurice Papon sortir de prison droit comme un I. Et je ressens aussi un malaise de ne pas penser comme Robert Badinter quand il en appelle à notre humanité face à la barbarie.

Je ressens un malaise quand Nicolas Sarkozy chasse les familles tsiganes de France.

L'air du temps

J'écoute Charlie Chaplin dans *Le Dictateur* : « L'envie a empoisonné l'esprit des hommes, a barricadé le monde dans la haine, nous a fait sombrer dans la misère et les effusions de sang. Nous avons développé la vitesse pour nous enfermer en nous-mêmes. Les machines qui nous apportent l'abondance nous laissent dans l'insatisfaction. Notre savoir nous a fait devenir cyniques. Nous sommes inhumains à force d'intelligence, nous ne ressentons pas assez et nous pensons beaucoup trop. Nous sommes trop mécanisés et nous manquons d'humanité.

Nous sommes trop cultivés et nous manquons de tendresse et de gentillesse. Sans ces qualités humaines, la vie n'est plus que violence et tout est perdu.

Les avions, la radio nous ont rapprochés les uns des autres, ces inventions ne trouveront leur vrai sens que dans la bonté de l'être humain, dans la fraternité, l'amitié et l'unité de tous les hommes. »

Plus de malaise.

Woody et ses psys

« J'ai toujours voulu vivre, c'est ça mon problème », dit Mia Farrow dans *September,* résumant d'une phrase la névrose générique de tous les personnages de Woody Allen.

Woody Allen met en scène la tension, la souffrance et l'angoisse qu'un sujet ressent lorsque ce qu'il déclare consciemment vouloir – aimer, être aimé, créer, être heureux – est contrecarré par ce que son inconscient lui fait faire, à savoir exactement le contraire. Il raconte la névrose de façon logorrhéique, traduisant à la fois l'impossibilité d'écouter l'autre et d'être entendu de lui. L'intrigue, elle, se déroule en contrepoint de ce que les gens disent.

Plusieurs films ont pour sujet la réalisation d'un fantasme. Dans *Zelig,* c'est le fantasme de conformisme des psychiatres américains ; dans *Tout le monde dit I love you,* celui de la petite souris qui entraîne la réalisation du fantasme de bonheur parfait ; dans d'autres films, une femme ou une jeune fille, bien sous tous rapports, s'égare avec un gangster au lieu de se contenter d'en rêver, comme le font toutes les jeunes filles bien élevées.

Les personnages de Woody Allen ne vivent pas *dans* leurs fantasmes, ils vivent leurs fantasmes. Les résultats ne sont d'ailleurs pas toujours brillants. Woody Allen a trouvé une expression cinématographique à quelque chose que nous ressentons confusément mais que nous avons tant de mal à admettre : le désir empoigne l'être humain car il tend absolument à se réaliser. Mais il ne doit jamais être complètement satisfait car, alors, il n'y a plus de désir.

En ce qui concerne la psychanalyse, Woody Allen fait rire en utilisant la caricature. Il renforce les « anti », ceux qui pensent qu'on dépense beaucoup d'argent pendant dix ans pour rien. Les adeptes sont censés avoir suffisamment d'humour pour supporter cette dérision-là.

Le docteur Fletcher, dans *Zelig*, donne une excellente définition de la psychanalyse américaine : « Je suis heureuse de pouvoir rendre à la société un individu utile et sûr de lui. » Aux États-Unis, les médecins psychiatres se sont les premiers formés à la psychanalyse sans renoncer à la psychiatrie. En étant moi-même un peu caricaturale, je dirais que cette psychiatrie teintée de psychanalyse a abouti à une théorie du bonheur individuel au service de la libre entreprise.

Mais cette fonction utilitaire et adaptative ne convient pas aux personnages de Woody Allen, car ils tirent un immense plaisir de leurs symptômes et ne sont pas près d'y renoncer. S'ils « guérissaient », il n'y aurait plus de film. Cela ne vaut pas seulement pour les personnages que Woody Allen interprète lui-même. Les autres aussi sont impuissants à aimer, créer, être heureux, ou à vivre, tout simplement. Dans *Tout le monde dit I love you*, Julia Roberts illustre parfaitement à quel point elle tient à sa névrose : alors que son fantasme de bonheur parfait s'est réalisé, elle y renonce pour retourner à la vie dont elle se plaignait tant.

Le psychiatre-psychanalyste chez Woody Allen est un personnage parmi d'autres. Alors qu'il est censé avoir résolu ses problèmes, il transgresse ses propres règles éthiques, notamment en couchant avec ses patients. Surtout les psychanalystes femmes, d'ailleurs. Les hommes sont plus conformistes, c'est-à-dire plus conformes à l'idée que l'on se fait d'un psychanalyste. Bien que cela arrive parfois, cette transgression (avoir une histoire d'amour avec son psy) est surtout un fantasme de client. Woody Allen en fait un fantasme de psychanalyste. Ce retournement nous fait rire surtout quand la psychanalyste reproche à son mari-ex-client de coucher avec une de ses patientes. C'est le principe de l'arroseur arrosé.

« Six psychanalystes et trois femmes plus tard... », annonce Woody Allen dans *Deconstructing Harry*. Tel un don juan, Woody Allen veut séduire tous les psychanalystes et même deux fois plus que les femmes. Mais, une fois séduit, il ne reste qu'à en changer pour relancer le désir de séduire.

Vu de ses films, Woody Allen donne l'impression d'avoir une culture analytique assez livresque. Il a une pratique, c'est évident. Mais il a probablement rencontré des analystes très conventionnels qui se sont laissé séduire sans qu'aucun ait eu le culot de le surprendre.

Ses personnages sont à la fois des déçus et des drogués de la psychanalyse. « Je fais une overdose de moi », dit Harry. Ils ne peuvent s'en passer, mais la drogue, c'est finalement assez décevant. Comment comprendre qu'ils ne puissent se passer d'une relation si décevante ?

Peut-être parce qu'ils ne peuvent tout simplement pas se passer de relations. Avec le psychanalyste, le client pense avoir la maîtrise de la rupture, ce qui n'est pas le cas avec les femmes qui, elles, quittent Woody Allen.

La plupart de ses films se terminent encore plus mal qu'ils n'ont commencé. Peut-être est-ce une des raisons de leur insuccès relatif aux États-Unis. Les pilules, le psychiatre ou le psychanalyste n'y changent rien. Oui, décidément, Woody Allen continue de croire que pour accéder au bonheur, rien ne vaut l'amour... Pas de quoi s'étonner qu'il soit un éternel déçu.

Attention : chef-d'œuvre

La Ligne de fuite de Georges-Arthur Goldschmidt est un livre dérangeant. Je le considère aussi comme un chef-d'œuvre, catégorie dont il ne faut pas abuser. Ceux qui connaissent la littérature allemande auront reconnu le traducteur de Peter Handke mais aussi de Kafka, Goethe ou Nietzsche.

L'histoire se situe pendant la dernière guerre mondiale. Un jeune juif allemand, émigrant avec sa famille d'Allemagne en Italie, puis en France, finit caché dans un pensionnat catholique de Haute-Savoie, où ses parents le laissent pour qu'il soit en sûreté. Dans une langue « incomparable, dit Peter Handke qui a préfacé l'ouvrage, le centre est le corps, celui d'un adolescent – le corps propre, non seulement refuge, mais bastion irréductible, indestructible jusque dans les pires châtiments –, non pas un pays où l'on se sent bien, mais un empire, mystérieux ».

Dès 1938, « on ne lui avait pas permis de rester chez lui : il était coupable, on savait sur son compte quelque chose qu'il ignorait encore. [...] Il était coupable, c'était prouvé. Il fallait l'éliminer, il l'avait toujours su ».

À partir de cette culpabilité irréductible « prouvée », au-delà de la douleur, du froid, de la faim et du mal du pays, dans une situation proprement catastrophique, Goldschmidt échappe à la fragmentation psychique en élaborant une position de désir masochiste à travers laquelle il va se révéler corporellement à lui-même.

Le psychanalyste hongrois Sandor Ferenczi avait, en son temps, défini la notion d'*identification à l'agresseur* comme un « mouvement d'introjection qui permet qu'une réalité extérieure devienne intrapsychique ». Goldschmidt va plus loin encore : le châtiment, la punition, les sévices vont lui permettre de se révéler à lui-même psychiquement mais surtout corporellement : « C'est ainsi qu'il apprit peu à peu à se connaître de l'intérieur. La neige qu'on lui fourrait l'hiver dans la bouche ne la remplissait pas comme l'herbe, les dents donnaient l'impression de se fendre sous le froid. Chaque dent faisait mal séparément, et la douleur fulgurante permettait de les reconnaître dans l'ordre. »

Certains passages m'ont fait comprendre une constatation clinique surprenante : la véritable adoration que les enfants violentés, presque sans exception, vouent à leur tortionnaire à un moment ou à un autre.

Après une séance de torture que lui ont fait subir ses camarades, « il fut saisi d'une joie soudaine, incompréhensible, si claire qu'il croyait percevoir les parois intérieures de son crâne, c'était une sensation de soi qu'il n'avait encore jamais eue – et qui reviendrait jusqu'à la fin de ses jours. En lui-même, il serait pour toujours tel qu'il était en cet instant ».

Peut-on trouver une description plus claire de ce qu'est la jouissance telle que la définit le psychanalyste

Denis Vasse : « La jouissance est à entendre comme jouissance *contre* (la vie). C'est là qu'on se sent le plus fort et qu'on est le plus touché. »

On peut se demander si un enfant rencontre une telle jouissance dans des situations moins extrêmes. Quoi qu'il en soit, ceux qui connaissent de telles sensations n'y renoncent pas sans difficulté. Les enfants maltraités, séparés de leurs parents pour les protéger d'eux, trouvent bien morne la vie en famille d'accueil, comparée aux fortes sensations qu'ils éprouvaient chez leurs parents.

Chez Goldschmidt (comme chez Michel del Castillo dans *Tanguy* ou Yann Queffélec dans *Les Noces barbares*), on prend conscience que la douleur physique infligée et le plaisir masochiste qu'elle procure visent à masquer une autre souffrance, bien plus destructrice, explosive : celle de l'abandon des parents, de sa mère en particulier, qu'il sait en danger et dont il va incidemment apprendre le décès. Le seul passage concernant la mort de sa mère est, à cet égard, étrange et bouleversant :

« Lorsqu'on le giflait, il faisait comme si c'était lui la victime. La douleur était passée depuis longtemps qu'il jouait encore les désespérés.

Et voilà qu'avec la mort de sa mère, il lui fallait réussir son chagrin. Or elle était morte pour lui depuis longtemps, il l'avait éloignée de lui pour toujours, il ne la laissait pas approcher puisqu'il ne la reverrait *jamais* plus. Il y avait en lui un endroit où il s'était lui-même fait mourir, s'il devait s'en tirer, il ne fallait plus laisser remonter en lui l'image de sa mère. Depuis toujours, il se l'était figurée morte sur un châlit, loin, très loin : jamais, non jamais plus il ne devait laisser entrer en lui ne serait-ce que l'idée d'une douleur pareille. »

Pour lutter contre la souffrance indicible de l'abandon, il y a la Nature. À l'ère de la photographie et du cinéma, on ne lit plus les descriptions de paysage. Ici, il s'agit de tout autre chose. Goldschmidt décrit une nature à laquelle il accède directement, comme s'il découvrait pour la première fois les mots employés pour la décrire, comme si cette nature-là n'avait jamais été nommée par personne avant lui, réalisant un véritable dépaysement au sens fort, un choc du corps avec un environnement ni pensé ni parlé, une nature qui pénètre le corps, ou un fragment de corps lui-même objet de la nature. La nature est vivante mais elle ne parle pas. Le corps dévitalisé par l'absence de parole se ressource dans la nature qui l'engendre.

Goldschmidt a sous-titré *La Ligne de fuite* « récit » et, plus tard, *La Traversée des fleuves* « autobiographie »[1]. Il y retrace, à travers l'histoire de sa famille, l'Histoire avec un grand H, sans insister sur ses propres épreuves. On y apprend que l'auteur a pu, a su étudier, exercer un métier qui l'a passionné, vivre, aimer et être aimé.

Ce n'est pas une leçon, mais on aimerait parfois s'en inspirer.

---

1. Georges-Arthur Goldschmidt, *La Ligne de fuite,* Flammarion, 1994 ; *La Traversée des fleuves,* Le Seuil, 1999.

Jeu de mots

Les jeux de mots sont le grand terrain de jeu des psychanalystes, ce qui ne veut pas dire qu'ils soient toujours drôles. Sur ces deux sujets, les jeux de mots et la psychanalyse, je vous conseille de lire Freud, *Le Mot d'esprit et ses rapports avec l'inconscient* (bien plus amusant que sa redoutable *Introduction à la psychanalyse*). De manière tout à fait professionnelle, j'ai donc trouvé cette année une bonne raison d'étudier les perles du bac et du brevet des collèges.

Je ne sais pas si le niveau des lycéens augmente ou s'il baisse. En revanche, le cru des perles du bac et du brevet 2002 reste d'une qualité exceptionnelle.

Comme les lapsus, ces perles ont été produites, on l'imagine, avec le plus grand sérieux, à l'insu de leurs auteurs, et surtout sans la moindre intention de faire rire. Les perles révèlent que le système éducatif est assez étranger à la logique de certains élèves. Ceux-ci ne sont dénués ni de savoir ni d'intelligence logique, mais ils font du sens à leur façon.

La juxtaposition du savoir et de l'ignorance dans une épreuve de culture générale peut être hilarante en soi :

« Galilée (1564-1642) a été condamné à mort parce qu'il a été le premier à avoir fait tourner la Terre. »

Les mathématiques sont une source d'inspiration sans cesse renouvelée : « Un carré, c'est un rectangle un peu plus court d'un côté », « Un septuagénaire est un losange à sept côtés ».

Stella Baruk, professeur de mathématiques et chercheur en pédagogie, a fait un travail comparable à celui de Freud sur le mot d'esprit, aidant des générations entières de « nuls en maths ». Pour elle, les erreurs fondamentales de l'enseignement des maths consistent à ne pas faire tenir ensemble le su et le lu, le lu et l'entendu, l'entendu et le vu. Exemples 2002 : « Tous les chiffres pairs peuvent se diviser par zéro », « Pour faire une division, il faut multiplier en soustraction », « Une ligne droite devient rectiligne quand elle tourne », « Une tonne pèse au moins cent kilos si elle est lourde ». Et la plus antique : « Quand deux atomes se rencontrent, on dit qu'ils sont crochus. »

Certains se posent la question de leur postérité : que restera-t-il d'eux, de leur œuvre, de leur action politique ? Quelques perles devraient les inciter à la modestie : « Pascal a consacré sa vie à écrire les essais de Montaigne », « De toutes les pièces de Molière, *Les Pierres précieuses ridicules* est la plus connue », « Marius Pagnol se servait de son accent pour écrire ». Ou encore : « La Fontaine a écrit les fables de multiplication », « Le livre de poche a été inventé par Gutenberg ». Dans ce cas, nous rions parce que l'erreur est si flagrante qu'elle donne le sentiment fort agréable d'être « cultivé » même si, par ailleurs, nous ne connaissons ces auteurs que de nom...

L'apport de la télévision ou du cinéma dans la culture des élèves fait irruption dans les copies. L'un d'eux écrit : « L'histoire du Moyen Âge est bien expliquée par Christian Clavier dans *Les Visiteurs 1* et *2*. » Et un autre, adepte du journal télévisé : « Les agriculteurs, ça a toujours été des paysans en colère qui brûlent des pneus et des patates. »

Une copie d'examen nécessite un apprentissage de la grammaire et des lectures. La grammaire comme sujet suscite les opinions les plus tranchées. L'un dit : « La grammaire ne sert à rien puisqu'elle est trop compliquée à comprendre. » À preuve, un autre conjugue le passé simple du verbe *faire* de la façon suivante : *je fus, tu fusses, il fut, nous fumons, vous fumez, ils futent*. En effet, la grammaire, c'est compliqué, et les règles sont raides : « Le premier groupe comprend les verbes qui se terminent en *-er*, exemple : *grandir* » !

Les livres aussi suscitent toutes sortes d'avis. Définition d'une bibliothèque : « C'est comme un cimetière pour les vieux livres. » La lecture n'a pas très bonne presse mais celui qui dit : « La lecture est faite pour ceux qui n'aiment pas écrire » n'a peut-être pas tout à fait tort...

La géographie, elle, fait appel à l'observation : « Les montagnes sont d'immenses plaines vallonnées », à la description : « Un bras de mer est un bout de mer en forme de bras », à la connaissance des cartes : « La Normandie est bordée par les plages bretonnes » ou : « La Camargue est régulièrement inondée par les côtes du Rhône », et à la logique : « Les rivières coulent toujours dans le sens de l'eau ».

La démographie a une définition assez large : « La

France compte soixante millions d'habitants dont beaucoup d'animaux. »

Restons un instant sur cette phrase. Pourquoi est-elle drôle ? D'un côté, on compare volontiers à un animal la personne qu'on veut déconsidérer : « c'est un veau ! » ou : « quel porc ! » et dans le cas qui nous préoccupe : « quel âne ! ». De l'autre, nous chérissons les animaux domestiques. Si chaque Français possédait un chien ou un chat (ou plusieurs !), cela ferait beaucoup de monde ! La réunion de deux propositions contradictoires est ce que Freud a défini comme une condensation.

L'histoire est évidemment le domaine le plus propice aux contresens, allant dans tous les sens de l'anachronisme : « Avant la guillotine, les condamnés à mort étaient exécutés sur une chaise électrique », « La guerre de Cent Ans a duré de 1914 à 1918 », « Tous les 11 novembre, le Président décore les parents du soldat inconnu ».

La seconde guerre mondiale fait littéralement tourner les têtes : « Le gouvernement de Vichy siégeait à Bordeaux », tandis que « le débarquement de Normandie a eu lieu sur les plages en Angleterre ». Pendant ce temps, « Jean Moulin fut lui aussi victime de la barbie nazie » ! Mais heureusement, « la ligne Maginot a été construite pour empêcher l'invasion des touristes allemands ». Et pour conclure ces épisodes tragiques, « le général de Gaulle est enterré dans deux églises à Colombey ».

Quand le savoir fait défaut, la réflexion peut, à l'occasion, prendre le relais. Dommage que les élèves n'aient pas l'occasion de développer certaines idées : « Une langue morte est une langue qui n'est parlée que par les morts. » Ou : « Sans les pannes, les machines seraient inhumaines. »

Et pourquoi est-ce que tout ça nous fait rire ? Freud l'a trouvé : « L'euphorie que nous aspirons à atteindre par ces voies [...] c'est l'humeur de notre enfance, un âge où nous ignorions le comique, étions incapables d'esprit et n'avions pas besoin de l'humour pour nous sentir heureux dans la vie. »

Cet âge est loin, vive l'humour !

Surprise

Le jour où j'ai reçu le petit livre de ma collègue Danielle Dalloz, *La Jalousie*, j'ai commencé à le grignoter par petites tranches de cinq à dix minutes entre mes propres consultations.

Imprégnée de Françoise Dolto et de Denis Vasse, psychanalyste moins connu et que j'admire beaucoup, Danielle Dalloz parle de la jalousie des enfants entre eux, envers leurs parents, et même, incidemment, de la jalousie des parents envers leurs enfants, sujet beaucoup moins traité mais qui mériterait un livre à lui tout seul.

Elle met intelligemment en scène différents exemples tirés de sa clinique. Par « intelligemment », j'entends deux choses : elle n'isole pas l'enfant de ses parents, mais elle n'en fait pas non plus le seul produit de la névrose parentale ; elle se met elle-même en scène avec les enfants, montrant bien mieux que de longs discours ce que peut et surtout ce que ne peut pas faire un psychanalyste. Elle formule avec ses mots à elle ce que l'enfant vient de lui dire ; en retour, il peut s'entendre lui-même. Elle n'est pas là pour faire de la pédagogie, encore moins de la morale. Elle peut repérer les éventuels dysfonctionnements des parents sans les juger. Ça a l'air tout simple, mais je n'ignore pas, moi, le travail sur soi qui permet de tenir sans relâche cette drôle de position.

Ce livre me plaît aussi parce que je rejoins son auteur sur bien des points : la jalousie est un sentiment universel ; il n'est ni bien ni mal d'être jaloux. Quoi qu'on en pense, c'est une épreuve à laquelle on n'échappe pas. Certains la dépassent et d'autres pas. Certains sont aidés à exprimer leur jalousie sans drame, ni jugement moral ; d'autres en sont culpabilisés, punis ou humiliés. Rien ne protège contre la jalousie, ni la place qu'on occupe dans la famille, ni la différence d'âge entre les enfants, et encore moins les stratégies élaborées par les parents qui la redoutent ou ne peuvent la supporter, en fonction de leur propre histoire. Il y a aussi des parents qui la suscitent, volontairement ou pas, en attisant les conflits ou en mettant l'enfant à une place qui n'est pas la sienne.

Qu'est-ce que la jalousie ? Bossuet disait que c'est une passion sans partage. Cette peur de perdre ce que l'on a se manifeste chez les enfants de toutes les façons possibles : agressivité ou passivité, énurésie ou trouble du sommeil, repli sur soi ou agitation, y compris les maladies physiques. Il n'y a pas de signe spécifique mais tout symptôme, dans un certain contexte, peut être un signe de jalousie. Et lorsque les parents, fatigués, soucieux ou déroutés, n'en peuvent plus, ils se décident parfois à consulter un psychanalyste.

Toute la journée, entre deux patients, je lis ce livre avec plaisir et intérêt, tout en pensant aux différentes personnes à qui j'aimerais le conseiller. Et le soir, j'arrive à la conclusion. Danielle Dalloz raconte la fin de la psychothérapie de Grégory, censée illustrer comment ce petit garçon a dépassé la jalousie qui le rongeait. Il dit : « Madame Dalloz, j'ai tout compris : l'amour c'est pas du camembert. Voilà, j'adore le camembert. Avant la naissance de mon frère et de ma sœur, papa et maman voulaient bien que je mange la moitié et ils se partageaient l'autre moitié. Maintenant, mon frère et ma sœur aiment aussi le camembert, alors je n'ai plus qu'un petit morceau. C'est pour ça, je croyais que l'amour, c'était comme le camembert : plus on était, moins on en avait. »

Danielle Dalloz, un peu interloquée, lui demande : « Maintenant que tu as compris que l'amour n'est pas du camembert, qu'est-ce que c'est à ton avis ? »

Grégory prend une feuille, dessine un cœur et dit : « Je ne peux pas vous le dessiner vraiment parce que, en vrai, l'amour ça serait un cœur avec un élastique qui ne craque jamais : plus on met de l'amour dans le cœur, plus il y a de la place dans le cœur. Vous comprenez pourquoi l'amour, c'est pas du camembert ? »

Alors, au moment de refermer le livre, à ma grande surprise, une énorme bouffée d'émotion m'envahit et je me mets à sangloter toute seule dans mon fauteuil. Heureusement que le dernier patient était déjà parti !

Danielle Dalloz, *La Jalousie,* Bayard, 1999.

Table

Les enfants

Les parents

L'air du temps

Du même auteur

Mères-filles, Une relation à trois, en collaboration avec Nathalie Heinich, Albin Michel, 2002.

Vies privées, De l'enfant roi à l'enfant victime, Odile Jacob, 1997.

À corps et à cris, Être psychanalyste avec les tout-petits, Odile Jacob, 1993.

Les Indomptables, Figures de l'anorexie, en collaboration avec Ginette Raimbault, Odile Jacob, 1989.

CHEZ LE MÊME ÉDITEUR

Claude Allard
L'Enfant au siècle des images

Patrick Delaroche
La Peur de guérir

Jean-Marie Jadin
Côté divan, côté fauteuil,
le psychanalyste à l'œuvre

Pr Daniel Marcelli
La Surprise, chatouille de l'âme
L'Enfant, chef de la famille

Fernando Geberovich
No satisfaction, psychanalyse du toxicomane

Serge Tisseron
Comment Hitchcock m'a guéri

Composition Nord Compo
et impression Imprimerie Floch sur Roto-Page
en février 2004.

N° d'impression : 59453.
N° d'édition : 22288.
Dépôt légal : mars 2004.
Imprimé en France.